# 廢話時代

李文臣——著

儘管沉默是一種貢獻，
瞎掰也是一種表現

現在，我在這裡陪你說話，
看到這些，希望你不會覺得孤單。
要知道文字不僅僅是一種符號、
一種概念，而是一種暖暖的記憶，帶著陽光的味道。

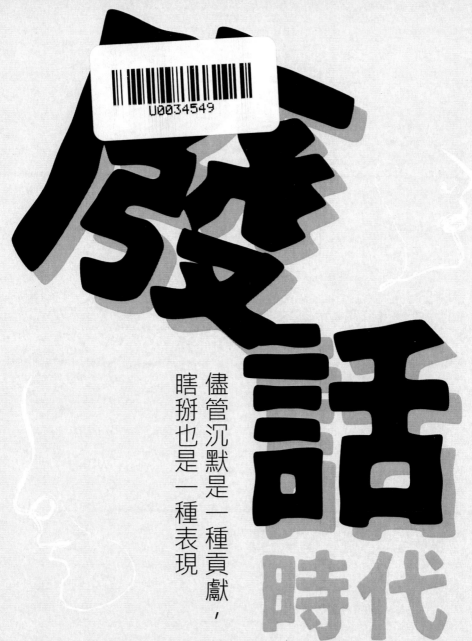

# 目錄

## 目錄

## 你看，生命的光華



## 有關「心靈環保」

# 目錄

# 目錄

# 序言

在現在這樣的社會裡，人與人之間的差距越來越大，我們常常羨慕別人擁有那麼多，對自己的欠缺耿耿於懷。其實沒有必要，欠缺的部分雖然很惱人，但我們得承認，它是我們生活的一部分，總有一天，我們會明白，善待欠缺就是善待自己。

若沒有苦難，我們會驕傲得不知道自己做什麼好；若沒有滄桑，我們同樣會感到自己是個不幸的人，因為總有人看上去比我們幸福。事實上我們常常做無謂的比較，這個社會上名流也好，富人也罷，深究其生活，人人都有一本難念的經，別人以為他多麼幸福，很有可能他的內心已苦不堪言。

日子好過，心情難過。心情一直主宰著我們的生活。人最常面對的是心理上的痛苦，就拿縈繞在我們心頭的憂慮感來說，這種憂慮感令我們疲憊不堪，把我們的每一根神經都繃得緊緊的，在明天還沒有到來之前，我們就開始憂慮明天的事，雖然它不是直截了當地擺在我們面前，就像本來明天是個晴朗的天空，卻被人為地蒙上一層陰影，明媚的人生總是有一層陰霾，生活當然是另外的樣子。

人的心情變化是奇怪的，但有一個是共同點，就是它總希望有所得，以為擁有的東

## 序言

西越多就會越快樂。總沿著這條追尋與獲取的路走下去，慢慢會發現，我們的憂鬱、無聊、困惑、無奈等一切不快樂都和我們下意識的希望有關。希望本是理所當然的事，但重要的是怎樣把那些負面的情緒清掃出去呢？

在茫茫人海中，總有一個人可以幫助你，不妨打開這本書，試一試，你會覺得生活可以是另外一個樣子，至少你能明白生命不是一場角逐的競技。

生活中難免會比較，我們大可不必勉強自己成為物質上的富人，卻一定要成為心靈上富人。當然，一個人想要在心靈上富有，必須有超越別人的心態，雖然不能說這樣你就會比別人優秀，但至少你常有一種放鬆與坦然的心態，人生的戰場上有許多勝利，此時的你是不戰而勝的人。

翻看心靈，不能因為我寫了這本書，就認為我的心靈就不是淺薄與空泛的，恰恰是因為我並不快樂才致力於驅逐煩惱。雖然淺薄，但我能敞開心扉，用我所能想到的方法淨化心靈的沼澤，灌溉心靈的沙漠。

李文臣

# 將吶喊進行到底

聽了五年的吶喊聲，老人們這種簡練的語言，在我心裡成了美的表達。雖然是每一天的同一個時間聽到，但每一次聽到後我內心的感受都不同。我想，也許聲音是能通達靈魂的，雖然他們喊聲不同，次數不同，含義也不同，卻總能震撼我的心神。

# 將吶喊進行到底

搬來這個社區已經五年。五年來，每天早上六點半，我會準時聽到一群老年人的吶喊。不管是冬天，還是夏日，早上七點鐘以前，社區前面的廣場是老年人的天下，我不只一次驚歎於老人們的吶喊，因為這種簡單的聲音中包涵了太多……大多數時候，我是在家裡聽他們吶喊，這聲音幾乎成了我起床的號角。記得剛搬到這裡的時候，我第一次聽到他們的吶喊，覺得可笑，不好好運動，為什麼要亂喊呢？這可以說是擾民啊。那個時間正是我睡得正香的時候啊。然而，聽的次數多了，突然覺得那聲音不一般。

冬天，我有時起得早，會遇到他們正在吶喊，往往是有一個起頭的，然後一群人馬上呼應，大多數時候喊一次，也有兩次的。喊的人大多在七十歲以上，那聲音是千奇百怪的，四五十個人一起喊。有的特別難聽，簡直像在哭；有的十分悅耳，我猜想可能人家以前是練過美聲的；有的則十分拘謹，好像要盡量喊得好聽一點；有的則是不管不顧地喊，只是任憑自己憋足了氣喊出來。帶頭的人很有意思，他的喊聲，好像是給大家一個吸氣呼氣的暗號，聲音不是很高，卻很有指導性。

我的鄰居老人也在這個隊伍中，有一次我問他為什麼要喊呢？他說：「沒事做心裡悶得慌，喊一聲，一天都很痛快。」我說：「哪天我也去喊，活得真壓抑啊。」他說：「我們壓抑感不是那麼重，也不是因為壓抑才喊。你們年輕人不行，喊出來就變味了。」我又說：「那些人真齊心，一喊就是這麼多年。」他說：「哪有啊，喊著喊著人就不見了，你沒聽出來嗎？能一嗓子喊到底的人不多，不過不斷地有新人加入。」我又問：「為什麼有時候喊兩聲呢？」他說：「有時候是高興就多喊一聲，有時候是為了紀念，說不清楚的，前天老劉不在了，昨天我們就喊了兩聲。」我沒有再問下去，覺得沒有必要，因為我感覺這種吶喊不是語言能說清楚的。

起先我想，他們的吶喊也是鍛鍊的一種方式，可是喊完之後，人群就開始散去，竟然成了一種晨練的結束語。有時我覺得他們也許是在釋放或發洩某種情緒，聽多了又覺得不是，像是在驅散頭頂的一片烏雲，也像是一種抗議。抗議什麼呢？——朝陽你慢點升起吧！當然這是我的感覺，在以前我沒有這樣的感受，越聽越像這種聲音。可是每當我躺在被窩裡聽吶喊聲，就成了另一種感覺，那是一種很莊嚴的聲音，那裡面有痛苦也有歡樂，有無聊也有浮躁，彷彿人世間的酸甜苦辣都包含其中了。

夏天的時候，我起得晚，常常是在家裡聽到吶喊聲。有一天，因為有事起了個大早，匆匆忙忙地走過廣場，看見許多老年人在打拳做操，還有一些年輕人也在運動，有的踢毽子，有的打羽毛球，還有的跑步。當我走到較遠的公車站的時候，還是聽到了他們的喊聲，那聲音悠遠而深沉，很有穿透力。我說的穿透力，不在於聲音的高低和大小，而是有一種親切感和人情味在其中，讓我覺得輕鬆和超脫，更有意思的是，我一路急走怕趕不上公車，心情放下之後，覺得喊聲有了另一種滋味——那是一種奮鬥了一生的老人們自我撫慰和復歸的聲音。

聽了五年的吶喊聲，老人們這種簡練的語言，在我心裡成了美的表達。雖然是每一天的同一個時間聽到，但每一次聽到後我內心的感受都不同。我想，也許聲音是能通達靈魂的，雖然他們喊聲不同，次數不同，含義也不同，卻總能震撼我的心神。

我想，總有一天我也會加入這支隊伍，而我的喊聲又想表達什麼呢？到時恐怕我也說不清楚，只是我也想將我的吶喊隨我的老之將至進行下去，因為它本是一種人生的真味。

## 爭鬥的境界

《菜根譚》裡有這樣的詩句：「石火光中爭長競短，幾何光陰？蝸牛角上較雌論雄，許大世界？」意思是說，人生就是寄身於石頭的火光中，轉眼間就會過去，何必爭長論短？人生也像在蝸牛的角上爭名奪利，比毫毛還細的東西，卻看得比腰還粗，比生命還重，遠看都是些無謂的爭鬥。

這些話看起來是勸世人莫為蠅頭小利斤斤計較，與人方便與己方便，不要生悶氣，有個好心情，守住本應屬於自己的幸福安寧。也許當一個人為一些小事想不開而鬱悶之時，看到這些話，心中會有所開悟，能把事情看淡些，想開些，做出得饒人處且饒人的舉動。然而生活不是總平靜如水的，能做到心胸豁達的人畢竟寥寥無幾。窮人不能，富人也不能，有文化的人不能，沒文化的人也不能。

爭鬥不僅僅是名利的問題。劉震雲說，每個人都喜歡在菜市場裡與小商販討價還價，哪怕是幾塊錢的便宜，也會讓勝利者的一個小時或一整天處於快樂的情緒之中。很多人不是為了賺那幾塊錢的小便宜，而完全是一種精神享受，這是爭出來的。人可以不關心一場戰爭的勝利，但不能不注重這種小事，在一個人心中它完全不亞於國家與國家之間的鬥爭。它能給許多人生活帶來樂趣，也能給一些人某種幸福感。

活著就不可能停止爭鬥，這有點生命不息，戰鬥不止的味道。有些自以為與世無爭、榮辱不驚的人也會爭，只不過他的爭更加巧妙，換了一種方式，「忍讓」也是爭，是免於俗套的爭。生活必然會爭取供養自己維持生命或滋補精神的東西。誰生下來不是一無所有的呢？不爭何求？

爭鬥有層次之分。晉朝的嵇康講養生五難：「名利不滅，此一難也；喜怒不除，此二難也；聲色不去，此三難也；滋味不絕，此四難也；神虛轉發，此五難也。」養生之道就是爭取更多生命時光的道理，這是與己之爭，是仁者之爭。劉震雲還說過這樣的話：「一個人鬥來鬥去，不過是公司裡的那幾個人。」這是與人之爭，是常人之爭。有的人不拘小節，不與平常人爭強好勝，而是爭取成名成功，爭做大事，這是一種智者之爭，充斥其中的完全是一種能力的體現，不管別人怎麼妒忌，成功是最好的證明。

爭鬥是個心態問題。人們喜歡以一個人的心態、胸懷、肚量來看事情的本質。爭鬥必然要惹麻煩，小到生氣鬱悶，大到殺人放火。顯然與人爭鬥會惹是生非，但肯定有樂趣在其中。一個人放棄爭鬥，其家安穩也必蕭條，帝王與國家也是如此。北宋的宋徽宗，是歷史上最有名的書畫皇帝，作為書畫家他極其成功，但作為皇帝卻不務正業，以文人雅士自居，把朝政交給了蔡京，自己過起了與世無爭的生活，怠棄朝政，縱容以蔡京為首的「六賊」亂政、奢華好物、擺闊鬥富、搜刮民財，結果天下大亂，其本人也成了亡國之君。

爭鬥體現了一個人的人生觀。對於一個人來說，生活過得越坦然也就越舒心。某高山上有絕美的風景，你不願爬山就看不到，對事情的爭取就是這樣的。有時候，你不想與人爭高下，結果別人會站在你的頭上。不與人爭往往是這樣的，你以仁者自居，別人卻認為你好欺負，你以佛家的心腸來忍讓別人，人家卻不把你當回事，生活的嚴酷就在這裡。事實上，有些事確實不值得爭鬥，有些事卻是非爭不可。如果你足夠豁達大度，你可以做到事事不爭，但誰也不能否認，「爭」是最好的進取方式。一個人能放下尊嚴，放棄名利，避開聲色，做一個無欲則剛的人。以這樣的方式保護自己的心靈必然是淒苦的，看上去是心靈寬廣，怎能說不是一種對人生不滿的宣洩方式呢？又怎能說不是在桎梏心靈呢？

爭鬥必須講效率。古人有「有所為，有所而不為」的說法，不是不贊成人們爭鬥，而是希望人們拋開那些險惡用心的爭鬥，如嫉妒、報復、猜疑、殘忍等等，實際上，爭鬥無不在「自私」的作怪下進行。古人提倡大作為，是想把有限的精力省下來，做點大事情，少做那些無效的、無益的、無聊的事情。有所為不是無惡不作，有所不為旨在脫離低趣味。

爭鬥不能成為家常便飯，生活中只知道爭鬥的人讓人討厭。爭鬥需要講究原則、講究耐性、講究道德。人的一生要做許多事，雖說大多數事是靠爭得來的，但是有些事時機不成熟、條件不具備，爭也徒勞，爭了就是自尋煩惱。還有些事是水到渠成自然而然地屬於你的，爭了讓人覺得你急功近利，反而會弄巧成拙。

生活中我們最常見的爭鬥，是捍衛自尊。輸一回就有自尊受辱之感，也就是我們常說的挫折。有些人贏得起，也輸得起。有些人則不然，甚至於氣出病來。生活中難得輸得起的人，有些事輸贏都有它的偶然性和必然性，關鍵在於我們如何把握爭與不爭的界限，如何把爭的勇氣和決心用在該用的地方。選擇正確，輸和贏都會很精彩。

## 留取善良

世間值得懷念的事很多，唯獨善良無法懷念。因為它常存於人們一念之間。它很像一首歌，每個人都可以唱它，但每一個人的唱法不同。就像每一個人都覺得自己善良，卻又不知道自己是否真正稱得上善良。感受它，欣賞它，讚歎它，卻不能全懂它。

其實善良與否在許多人心中已經不再重要，我們希望遇到的人都是善良的，而自己可以為所欲為。我們希望在別人的心目中是善良的，而自己卻成天做著荒謬的夢。也許因為誰都知道善良是一種高尚的情操，可以與高尚若即若離，還可以不知善良為何物。但可以肯定渴望善良是每一個人空靈或斑駁的現實所在。

我有時想，也許善良是從單純開始的，比如童心，有許多次被童心的可愛所感動，給我留下了難以磨滅的印象，像一種啟示、一顆流星、一個真實而美妙的夢。那種不設防的單純，那樣無畏，那麼自然，沒有庸俗，也沒有摻雜任何雜念，不誇張，也不抒情，像一種力量撞擊著我的心。可是我不能模仿，也不能回歸，只能在觀眾席上為孩子們的善良喝彩，突然想起自己小時候也是那樣，而今，當時的善意已經不見。

我也見過許多善良的老人，我甚至懷疑善良是否是一種飽經滄桑後的大徹大悟？把所有的遺憾、懺悔、歎息都稀釋，讓平和、寧靜、友誼顯現。多了悲天憫人的情懷，少了計較與糾紛；多了清明和善的理性，少了爭鬥與虛假。我不知道是不是因為他們對人生有過深刻的瞭解，才產生了對別人沒有更多要求的心境？我只知道，他們好像不再有過分的期望，於是很少有失望。他們和善良完全是一種真情與自然的結合。

可是無論哪一種善良都是弱不禁風的，以至於人們習慣把善良理解成軟弱，因為它總是敗於邪惡。勝者為王，所以人們願意讚美邪惡，甚至宣稱邪惡是光明的、進取的、高尚的、有益於人的，只不過換一種說法罷了。於是生活中多了一些亡命的氣息，少了一些善解人意；多了一些營私舞弊，少了一點明朗與理性。

的確，善良是軟弱的，它容易來也容易去，像一潭清水，隨時可能被汙染。善良的人總是會遭受欺辱，有些人活著不是自己做什麼而是不讓別人做好什麼，有些人活著不是努力使自己成功而是喜歡看別人倒楣，這樣他們覺得比自己成功還高興，以至於成了一種生活方式，這樣的人煩惱多卻樂此不疲。

人們都希望遇到善良的人，是不想被謀算的簡單願望。可是誰又能保持住自己善良的風格呢？渴望文明禮貌，卻常常忘記尊重自己與別人。期待文雅婉約，卻依然麻木不仁。真正善良的人是無奈的，常常在控制自己，克服自己，但他們也是坦然的。而那些喪失善良的人，永無寧日，因為謀算別人的人總會認為別人也會謀算他，折磨自身也擾亂別人。

所以喪失善良，就喪失了仁慈與誠懇，也喪失了快樂，還有做人的基本趣味。我想，在人生的競爭、征戰、比賽中最後的勝利者必然是善良的人們，不是因為善良是一種美德，而是因為善良是一種自尊，也是一種對別人、對事業、對歷史的尊重。更重要的是，善良是一種境界，一種人生的修養與提煉，一種堅實的成熟表現，一種戰勝煩惱的遠見。

善良需要堅守，它不是一朵常開不敗的花，而只是一種需要人時刻珍重與愛惜的心緒。

## 心若為繭

一個美麗的女人走過我的身邊，然後我目送那楚楚動人的身影走出我的視線，她不知道我的心動，也不知道我的幻想還有欣賞，更不知我的謙卑。我常常這樣想，我配不上她，她有她的天堂。而我只是天堂外的一個過客，偶遇使我賞心悅目。

曾經年少多情的我，以找個美女為生命的目標，簡單地認為那應該是一種幸福與榮耀。愛的心是單純的，但是獲取美女芳心的手段卻是一個複雜的過程。一段時間裡我把這事作為自己的奮鬥目標，以至於筋疲力盡。徒勞無功後，才覺得追求美女與人的綜合素養有極大的關係，不僅僅是一種愛的能力，一種審美的能力，還是一種嚴峻的考驗，一種生活能力的競爭。

像我這樣的人是不配擁有美女的，就像一個不健全的人有自己的尊嚴，卻往往得到正常人不經意的歧視一樣。光有愛的心是遠遠不夠的，還需要各方面的條件，知難而進，無論是對自己還是對美女都不是一件好事。怦然心動卻沒有能力控制、駕馭、保護和滿足，那簡直是一件令人窒息的事。這樣說來很自私，好像美女是一件任人擺弄的物品，也彷彿愛只是一個男人的事。

我想說的不是這個意思，舉個例子吧。比如一件稀世文物，在地下沉睡千年安然無恙，被挖掘出來重見天日，卻不能得到很好的保護，時間不長就失去了原有的價值，可是人們因為好奇總想弄出來看看。再說美女，在我國有名的四大美女，都是因為與帝王有了瓜葛才使她們流芳千古，而尋常百姓家又埋沒了多少奇花異草，就不得而知了。可即便是帝王在與美女愛的糾纏中也帶給了他們無窮的災難。

事實上，不關美女的事，一旦愛上了，就與美不美無關了。為愛所累，沉迷其中，深受其苦的人很多。不光戀愛中的人是這樣，還有許多家庭也是已經做成了的繭，是安全的繭，也是痛苦的繭。因為一個人相伴於另一個人，相依為命，少了許多自由。一個人不依靠任何人，無牽無掛，卻多了寂寞。無論哪一種情況，一個人的生命與靈魂都不可能屬於另一個人。也許人生只能是結伴而行，需要有人關心與疼愛。家的魅力就在於它是一個人生存的見證。可是許多人總覺得沒有真正地生活過，因為有心繭，總幻想掙脫，但困難重重咬不斷自己吐出的絲。就像美女因帝王流芳百世，帝王卻不知美女另有心繭；而帝王因權高位重而得到美女，卻不知他是作繭自縛的可憐人中的可憐人。

也許在一個男人心中愛美女是一件永無止境的事，只不過愛是有限度的。在那條無盡的道路上奔走的男人們充滿遺憾，就像我一樣，愛的限度讓我失意，也讓我懂得人生。心若為繭，生活永遠在別處。

## 心靈容量

冷冷的面孔，冷冷的表情，偶爾的笑也是強作歡顏，偶爾的快樂也隱藏著悲傷，獨處的時候總是那一成不變的凝重。這樣的人很多，發現這樣的現象很久了，但我不想說，因為我也屬於這類人。

是的，在朋友們面前我總會讓自己有一個笑臉，哪怕內心再苦再痛那也是我自己的事，怎能表現出來，又怎能讓人知道生活中的我滿是憂鬱？虛榮也好，隱晦也罷，我只能帶著這個生活贈予我的魔咒，一天天丈量心靈的深度。

其實，無論男女，在那樣的表情下面，必定隱藏著一種很深的痛苦。有哲人說過：「最深的痛苦源於愛。」周國平也說：「真正的愛情後面都是深沉的憂傷。」我不能說我有過真正的愛情，但我有過類似於真正愛情那樣強烈的感情。我不能說我有很深的憂傷，但我有過深刻的命運之憾。最可悲的事，不是所謂的失戀，而是越來越覺得自己失去了信心，愛的信心。這種信心的缺失，彷彿也讓我失去了感受幸福的能力。

有人說，時間是最好的療傷藥。可是這種病的後遺症太霸道。細想從前，那些愛過的日子是鍍過金的，黯淡了其他的日子，日復一日，唯有那些特殊的日子在心靈深處閃閃發光，怎能叫人不感到憂傷？

人生不只愛一次，我想，每一次的愛都是一個能量釋放的過程。有的十分投入，有的則保留餘力。不要說這是對愛情的褻瀆，因為生活總在變化，每個人的內心難得滿足，很大程度上，對愛情的追求，是在述說一個人對生活的欲望，對生活的熱情，還有興致。可是愛情也有奇特的地方，如果你願意只為某人活一遭，那就有了不同的意義。無論是追求還是嚮往，無論是守護還是獻身，都成了一種極為幸福的事，也就成了無價的事。當你的生活成了實現這種價值的過程，那麼有生之年，你是可喜的，也是欣慰的。但往往許多人沒有這麼幸運。還有的人的價值觀是隨著自己地位的變化而發生了變化，於是愛情在別處。

這些都是題外話，然而無論是普通的人，還是不一般的人。對愛的表現，總是在體現著精神素養。有的人因為愛情而看破紅塵，有的人因為愛情而空守一生，有的人一生都在戀愛，有的人則是在不停地尋歡作樂。「愛情」氾濫的人，精神必然空虛，因為不停地喜歡，被幾個人所吸引、所陶醉，不可能滿足，只有來去匆匆，把更多的惘然留在生活中。「愛情」稀缺的人，關注自己的內心世界，在孤獨中成長與衰老，任憑歲月在心靈和身體上雕刻，但因為思考而使精神豐富起來。

我屬於後者，在人群中冒充孤獨且有一顆平庸的靈魂。因為冒充孤獨所以人際關係疏遠，因為冒充孤獨所以憂鬱。我之所以冒充孤獨是為了自我療傷，然而悲觀的情緒總是伴隨著我，明明知道悲觀是一條絕路，但還是不由得人那樣。就像我知道孤獨是荒謬的，痛苦是虛無的一樣，但我的消極還是多於積極。

也許所有的一切都是欲望造成的痛。因為沒有了對愛情的幻想也就沒有了傷感與哀怨。說到底還是我的心靈容量太低太淺，不能跨越記憶，不會稀釋感情。王蒙說：「人生就是生命的一次燃燒。」一個人的能量有大有小，我不能發出巨大的熱能溫暖許多人的心，只能在充滿不安、焦灼、期待中燃燒「小我」，能不痛苦嗎？

# 按摩心靈

秋之將至，天氣不再像以往那樣燥熱，樓下的小樹林一片寂靜。沒有什麼事，我獨自坐在石凳上看風景。輕風襲來，撫慰周身，溫暖愜意。

很久了，沒有這樣獨處過，我是專門為自己創造一片寧靜、一片澄清的。彷彿是從繁忙中抽身，又好像是從浮躁裡逃出，我只是想靜一靜。人許多時候難得一靜，不是琢磨著找點樂趣，就是胡思亂想，像我現在就屬於後者了。

沒有樂觀與豁達，只有寬容與輕鬆，此時此刻，我的情緒像一泓清流，清冷地流過。遠處傳來機器的尖叫聲，大概是有人在裝修房子吧，這與我無關，就如同昨天的應酬和往日的工作愁緒一樣，都是遠處的事情。我現在應該做的是讓自己靜下來，其實真的靜下來很難，總有一些心情纏繞著，無法刪除，也不能抹掉，只能自我原諒了。

比如說吧，我原諒自己的平庸，就拿身體健康作為一種最大的幸福；我原諒自己的無能，沒有大房子住也沒有車子開，只能拿有一個和睦的家庭來自我安慰；我不責備自己，沒有別人那種追求高層次生活的熱情，只能是在我的小天地裡堅持自己的堅持，我也不埋怨自己沒有廣泛的交際，大概是因為有太多的倔強吧，可是這樣也少了交際帶來的煩擾。

可恨的是好不容易有這麼一會兒靜坐的時候，卻盡想一些不愉快的事。就不要尋覓那些心中的酸楚了，我這樣勸自己。想一些好事，比如說，曾經有一位異性朋友，十分欣賞我。她的眼神，她的話，總是讓我心裡暖暖的，有她在的場合我會儘量把自己偽裝得更好，可惜事與願違，我認為說錯了話，或做錯了事，可是她不在乎，依舊是好評。回味每一個細節，是那麼美妙，原來欣賞一個人，包涵著太多的東西，比如寬容，比如關心。只是我不能接受太多，只是常常想人與人如果都能相互欣賞該多好啊，把缺點看小了，把優點放大了，是欣賞我的人對我的做法。把缺點誇大了，把優點忽視了，是討厭我的人對我的態度。有人欣賞很重要，似乎證明了自己的存在價值，也在說明著努力的希望，希望什麼呢？有更多的人欣賞嗎？可能是吧。可是我怎麼回報欣賞我的人呢？可能欣賞是不用回報的，我只能以微笑、以靜默、以祝福，報答這一份知遇了。也許不要求更多，就會得到更多，就像我在這空白的時光中自我陶醉一樣。

人需要自我陶醉，那是一種注入心靈的營養劑。我也喜歡這樣歡悅的心理空間，可是我不能常常這樣，那樣我的虛無更甚，我喜歡平靜而不倦怠的生活，不需要興奮劑。就如同我欣賞別人的時候一樣，你看，從遠處走來一美豔女子，我的心裡在讚美，在傾慕。走近，又走遠了，我的心裡在自卑，在惋惜。其實我知道看一看，已經足夠了，不是我不想擁有，而是不能，也不應，更不會。更何況很多東西一旦擁有就失去了應有的價值，至少降低了它在你心中的位置。世間萬物我們怎能真正擁有，只不過是我們曾經珍愛，我更喜歡從容的珍愛，只是欣賞，不需要更多，這不是另一種自我安慰。

靜下來，真難。物靜心不靜，懷念美妙的經歷，懷念熟識的同行，就如同想起春風一樣。只是現在吹的是秋風，初秋的風，乍寒還暖，但足以蕩滌我心中的濁影。

# 心靈清泉

小時候喜歡到小河邊玩耍，河裡面有小魚小蝦，我會樂此不疲地追逐它們，常常是抓幾條小魚，弄幾隻小蝦，然而放點水草，裝在玻璃瓶裡拿回家養。可惜離開了小河的魚蝦在家裡活不了幾天，但年幼無知的我還會去小河裡摸來抓去。

長大後，每年暑假回家探親，我常常會去小河邊、樹林裡走走，喜歡看小魚兒在水裡游來游去，也喜歡聽河流的聲音，不知為什麼那聲音讓我的心情倍感安閒，但是已經沒有了抓魚的心清。

有時，我會帶著妻子和孩子來河邊洗衣。洗衣的人很多，妻說：「上游也有人洗衣，這水怕是髒的吧。」我說：「流水不腐，那些髒東西早就沉澱到河底或漂到河邊了，要不魚怎能活呢？」果然，渾濁的小河第二天又是清冷的了。

## 將吶喊進行到底

有一個問題，從小到大一直留存在我的心中，家鄉這條小河的水流到哪裡了呢？小學的時候，我知道它最後必定是歸入大海了。可是我的小河很小，它們能夠堅持到底嗎？有多少滲入地下？有多少蒸發掉？有多少被四周村子裡的牛馬飲用了？又有多少被像我一樣的孩子提回家養魚了呢？

也許我的問題很傻，小河總是不管不顧地向前流，帶著一種奔赴前方的歡樂，帶著一種擺脫約束的輕鬆，湍湍流去。像是要去遠遊旅行，也像是為了一個願望在長途跋涉，是流入大海的願望嗎？可能是吧。

可是我總覺得這河太小，它的理想像一個幻影，一個難以企及的幻影。懷疑它是否成功，是作為一個旁觀者的看法。你看，它依然日夜不停地追逐著、流動著，無暇反顧自己是否有這種能力，也從來沒有懷疑過自己。這種堅持怎能不讓我肅然起敬？

流動是河的能力，流動也是水的本色。我有時很羨慕河水，因為它沒有心情，也就沒有了負擔，你可以攔它，也可以用它，但只要有機會，它總能輕輕鬆鬆重新開始，從頭努力，輕輕鬆鬆地奔向前程。不像人的心中總存留一個痛苦與創傷，卻不知道怎樣擺脫與清除，這也許就是人因負累而變得越來越沉重，向前的步履也或緩或停的緣故。

也許無論是人還是物，品性都決定它的際遇。小河能積極快樂地活著，是因為它有水的品性。從不誇大痛苦，也不為力不從心而自卑。喜歡流動的任何人或物，都會常常受挫。人總會因挫敗而羞辱悔恨，而水不會。它不是不知道羞辱，而是不去無止境地責備自己，埋怨別人，以至於因為一次又一次的失敗而影響了自己一生進取的信心和前行的進程。

河有奔放的性格，也就有了勇往直前的姿態；河有含蓄的性格，也就有了迂回婉轉的人生。人也有這兩種性格，但卻很難自我解脫，大概是我們很少能用清醒的頭腦、寬容的心情去做自己所能做的事情，而更多的時候是在計較個人得失吧，於是就有了心理上的種種負擔。

我總是想，人的心靈本來就是一泓清泉，隨著時光的流動，它會成為一條小河，可是這條河常常在生活中只剩下了對物質的奔走爭逐，而失去了水的靈性。也許我們的心靈真的受過汙染，可是只要流動，就會少了困惑，少了苦惱，也會少了寂寞。多麼希望，有小河那份雅量，雖然不至於逍遙灑脫，但至少多一份輕鬆與解脫。

# 最美的影片

有時候想，歷史把一代人拋棄又迎來新一代，無數個今天連著無數個明天，層層疊疊，蒼蒼茫茫，憶往昔深遠遼闊，望未來無窮無盡。人間的軌跡就像溪流，時而從容漫步，時而奔騰洶湧，時而崎嶇坎坷。不管哪一種情況，對我來說，只能是默默地領略它的莊嚴，彷佛是在尊重自己那不可變更的宿命一般。

不知道這世間有過多少奇花異草盛放過而又凋零，也不知道有多少英雄豪傑從強悍走到衰老，更不知道有多少風華絕代的美人隨時光的流逝而黯然失色。數不清有過多少戰爭，也沒有統計有過多少天災。我常常想，在那或明或暗的其他星球一定有看不盡的絕世美景，而它們卻是那麼的遙遠又遙遠，遠遠的像無數的眼睛欣賞著我們人類的歷史，而人類在盡情地表演著。

一幕又一幕、一場又一場、一年又一年、一批又一批。走了又來了，滅了又生了，草一片、木一片、風一陣、雲一陣。有燃燒的、有孤獨的、有爭奪的、有冒險的，還有憤怒的。是風景，也是布景，是美景，也是場景。每個人都在盡情地表演著，絕對真實。沒有一個人虛假地活著，獸性的、罪惡的、放縱的、權勢的、自卑的、懦弱的都清晰可見，忙碌的、困惑的、失意的、革新的、信仰的、善良的也都直覺呈現。我相信，一定有觀眾在談論，為某些人的雄心而歎息，為某些人的貪婪而發笑，為某些人的幼稚而遺憾，為某些人的淡泊而好奇，為某些人的痛苦而同情，為某些人的信仰而懷疑，為某些人的死亡而興奮，為某些人的等待而生氣。

我有時懷疑，這樣的影片會不會一個世紀接著一個世紀地演下去？會不會有一天，人們所有的夢想都變成一個光點，所有的戰爭都變成一種煙霧，所有的明爭暗鬥你死我活都變成一股熱量覆蓋在我們生活過的星球上？而組成我們的元素隨著千萬種運行的軌道，在某一處悄悄地運行，只有這個星球的歷史保存成一部影片，留給生活在這個宇宙裡的某種人看吧。

我想，能看這部影片的人一定是「神」。我說的「神」是指帶某種智慧之光的東西，比如說，在他們的心中，不會有「偉大」這個詞，因為任何人都是歷史中的一粒塵埃，而一個星球的歷史怎能不是宇宙中的一粒塵埃呢？

我想，人類歷史應該是宇宙中最繽紛、最複雜、最傳奇、最有趣的故事。一天天、一年年、一代代匆匆地來了又去了，想起來是一件沉重而悲壯的事，看起來只能是一個美麗而令人遺憾的光環，一閃而逝。就是在這閃逝的一瞬，卑微的我做了一個夢，夢見有人在觀看人類歷史這部影片。沒有讚美，也沒有譴責，只有靜默。

## 何必再活五百年？

有首歌裡唱到「真的還想再活五百年」，我覺得不管是帝王還是貧民百姓，沒有必要再活五百年，因為有的人活了一生等於好幾生，有的人活了一輩子實際上只活了少半輩子，有的連三分之一都活不到。

如果上天真的給人五百年的壽命，我想，大部分人還會像我們現在一樣慢條斯理地活著，還會有許許多多的等待、許許多多的忍耐、許許多多的希望，直到大限到來。而縱觀整個人生，休息與等待肯定會占據大部分的時光，而真正做事，做有益有利的事的時間幾乎可以忽略不計。

每個人都有後悔的時候，而往往最後悔的是我們沒有得到自己想要的生活，所以都想重新活一次，重新開始一回。於是有人想到多活五百年該多好啊，這樣可以有很多個起點，有很多次機會，把過去埋葬，從頭開始，換一個新姿態，換一種新的方式來生活，來實現自己所有的願望。

事實上，人一生做的最多的事不是浪費自己的生命，就是糟蹋自己的身體。就像現如今大部分人把能天天吃喝玩樂當成一種理想一樣。世事多變幻，古代聖賢認為的不正當行為，現代人都把它改頭換面了。隨便翻看一些雜誌報刊，就會發現有教人怎樣吃、怎樣喝的，也有的教人怎樣玩、怎樣樂的，也有澈底弄懂男女之間關係的意思，彷彿件件都是無上光榮的事。我不反對把吃喝當成一種學問，也不反對關於愛與性的種種研究。我只是覺得在大力提倡吃喝玩樂的背後，甘心「墮落」的人會越來越多，積非成是的人也會越來越多，因為所謂的享受人生，在很大程度上會麻醉許多人的是非心，泯滅了許多人的良心，當一種不正當的行為成為一種流行趨勢，我們能做的只有習以為常，視之為當然。這好像說起來與多活五百年沒關係，其實連繫緊密。

誰都能意識到人生是短促的，誰都能意識到快樂是可貴的，可是誰能清楚地意識到今天的自己是否比昨天進步了？誰又能意識到沉迷於享受是自取滅亡的開始？一個人如果能再活五百年，那麼他一失足就可以不成千古恨？如果一個社會走錯了路，那麼它就會有改過自新的機會？

也許我的想法是過於落伍與迂腐了，是用狹隘的眼光和主觀臆斷來衡量人與社會。因為好逸惡勞是人性的弱點，但我想，無論人怎樣發展都必須有健康的身體和愉快的靈魂，才能稱之為真正的享受人生，否則只能走向腐化墮落。腐化墮落是一條奇怪的路，當你沿著它走下去的時候，你會發現離原來的出發點已經很遠，你還會認為自己的所作所為是一種聰明與進步。

封建偽道學，也就是柏楊稱之為「醬缸文化」的那種，我也不喜歡。但人應不應該再多活五百年，我覺得沒有必要考慮。因為把享受人生放在生活首位的人根本就活不了五百年，更何況為了享受必須成天在功利之間奔波競逐，雖然這些人沒有在等待與期盼中度過自己的一生，雖然並不是百分百地為自己付出，但我敢肯定他們所得到的快樂絕對是膚淺的，即使再活一千年也會灰暗多於快樂，何必再活！

人生是否可愛，前途是否值得期待，我認為取決於是否有許許多多的人，有一顆孩子般純真無邪的心。可是如果人都能多活五百年，那麼這個世界上還保留童心的人自然更成了稀缺物種。

## 感覺的囚籠

朋友說要燙髮染髮，我表示反對。他說，那麼多人染了，所以他也想要。我說：「正因為那麼多人都染，你就不應該染，一切都是自然的好，也許你染了能暫時獲得好心情，要想長久有個好心情還是不燙不染為好。」

朋友雖然不再堅持，但他還是覺得染了好。我說：「無論怎麼打扮都是給別人看的，現在很多人都那樣，你不覺得你不做效果會更好嗎？如果說，你是第一個染的人，肯定會引人注目。同樣的道理，你堅持本色，也會引人注目。你覺得你燙了染了，能表達什麼？說明什麼？感覺什麼？」其實我認為很多人做的許多事都是在「獻媚」，都是為了「感覺」。可往往事與願違，因為外界的資訊從來不會給我們帶來更多的幸福感。幸福，只有在你內心平和的時候才前來拜訪，它來自你的內心。

比如說，我們樸素自然地做人，心平氣和地與人交往，不裝腔作勢，不投人所好，與人和平友好地相處，不親密無間，也不要偏私嫉妒，這樣的心態做人也就是接近真實的人。模仿明星的打扮，學習雜誌廣告中模特兒的樣子，就是讓心情接近於虛幻而非現實了。就像我們喜歡流行的東西一樣，往往是為了滿足一時的好奇心，讓人有一種非得過把癮的感覺。因為流行的東西有一種讓人思緒飛翔、感覺擴張的能量，像一陣風，一首歌，一道彩虹，一段鋪天蓋地的廣告。但充其量它只能是人生路上的調味品，到了一定的限度，就成了一種倒胃口的東西。

自然的東西，是人們永遠懷念和嚮往的東西，人總有返璞歸真的願望，也有把自己的感覺「押在別人身上」的想法。我們一生中肯定會遇到很多流行的東西，有幸的是我們可以選擇一種或幾種，不幸的是我們不停地追逐流行，一旦經濟能力達不到，抓住的往往是流行的尾巴。我們能得到的良好感覺太短暫，幾乎與後悔是同一個高度。

就像我們做人做事一樣，總希望有一天出名，出彩，引起轟動，事實上，感覺的得失總是對等的，而看上去很幸福的人，也是麻煩不斷的人。看上去很耀眼的事，背後一定隱藏著危機。不是所有好事都會出乎人們的意料，而是幸福的感覺從來就存在於平凡之中，久遠的幸福感也總是屬於安於平淡的人。因為能夠保持內心平和的人，不會輕而易舉地被外界的刺激和自己的欲望左右。

人那麼多的煩惱是從哪裡來的？大部分是因為看得太近，想得太美，計較的太多，希望的太多。煩惱並不可怕，怕的是對什麼都沒有了興趣，麻木不仁。有興趣是好事，不好的是興趣太多或太偏激。那樣會讓人疲勞，精神緊張應該是煩惱的另一個原因。

有人認為，不跟著流行趨勢走，就會落伍。其實，做人最主要的任務是積極快樂地活著，跟與不跟就看自己的意識，當一種事情並不能真的給我們擺脫生活的負重和清除一些煩惱之時，何必要做呢？明明知道做了會造成心情上的種種負擔，為什麼非要做呢？我的朋友中，就有人買車買成了累贅，有人搶購大房子搶了一屋子心病，有人炒股富人變成了窮人。

雖然說順其自然的東西好，但我們總不能在同樣的環境、同樣的際遇中感覺到人生的豐富，所以對一些流行趨勢也要關注或參與，事實上我們總會參與進去。流行的事情，也有它的益處，至少在某種程度上激發了我們對生活的熱忱，讓我們感到生活有光亮。可是越是流行的事情，人們越容易只停留在對它表面的認識上，不是沒有時間去思考，而是習慣於不去思考。所以我們很多時候只剩下了為表面的事物而東奔西逐，失去了作為人的靈性，沒有了內在的雅趣，這樣的時候就掉進了感覺的囚籠，失去了自我，不是嗎？

# 在沒有感覺的日子裡

隨日子漂流至今，突然想起，最近幾年我幾乎過著一種近於麻木的生活。沒有什麼目標和方向，如果說完全沒有也不對，腦海總會浮起這些念頭：賺錢，過日子，過好日子。除此之外沒有別的。

我不知道這是怎麼了，常聽人說某某見錢眼開，唯利是圖。仔細觀察，那些說別人的人卻也是這樣生活。我絲毫沒有批評或貶低「唯利是圖」的意思。難道我不是這樣一個人嗎？人唯利是圖有錯嗎？工作時天天盼著漲薪水，買東西的時候拚命殺價，做事的時候討價還價等等。有時，也會恨自己，怎就成了這樣的人呢？但又會想到，不成這樣的人能成個什麼樣的人呢？

還好，因為我偽裝得很好，至少在眾人面前還可圈可點，沒走到極端，但在心裡總有個疑問。「世上沒有一個人能夠偽裝很久，他總會回歸本來面目」，這話好像是一位大哲學家說的。那麼我的虛假和掩飾什麼時候全部脫落呢？會不會這輩子一直要竭盡全力偽裝下去，掩飾自己的缺陷，隱藏自己內在的真實呢？

其實，藏不藏無所謂，人性既有邪惡的本質也有純正的天性，以己度彼，又有誰不知道呢？只是每個人都習慣了，都不願拆穿對方，因為有很充分的理由各自去掩藏，就像每個人不能誠實地面對自己，又怎能苛求別人呢？

說這些都沒有用，因為我們的確不能真實地展現自己的本來面目，也不可以恣情地表達自己內在的情感，否則除了感受生存的恐懼與無奈，還能找回什麼呢？大概我說的有些過分了，人生需要有很高的警惕性嗎？就像我，若干年了，讓時間、歲月渾然無知地過去。雖然期間充斥了對已逝年歲失落的種種缺憾，還有著些許無法釋懷的感傷，但是我竟然能漠視它們的存在，直到今天。

直到今天又能怎樣呢？我有過感覺，可是我抓不到，留不住，也想不通哪個是真的，哪個是假的，比如愛、比如苦、比如煩、比如累。我好像獨自生活在一個叫「默然」的屋子裡，默默地撕下一個接一個的日子。然後等待，等待著生命的放射，耗盡最後的一點能量，然後再歸於永久的沉默。

最真實的感覺是我活著，看時間默默地從我的面前穿梭而過，看一個又一個好像是狂歡節的日子到來。回想起從前走過的日子，我是有感覺的，可都是些不真實的感覺。我有時想是什麼東西束縛了我？可是我一直沒有弄清楚。

有人說，當物質生活艱難的時候，一些人往往是從精神上尋求度過難關的一份力量。我也知道，除了錢之外，肯定有一種東西使我們過得快樂。可是為了生活感到疲憊、沮喪和不滿足，我忘記儲蓄一份欣賞生活的情趣，也沒有找回那種可以使人快樂的東西。

就是這樣的，我知道我長大了，可是我的心，卻始終踽踽獨行。在心靈成長史上，我只能緬懷一個又一個短暫而沒有感覺的日子。

## 結局不會可愛

國中時讀小說，總是迫不及待地想看結局，看完後每每會有一種失落感。

工作後，喜歡看電視連續劇，天天惦記著每天晚上的某個時刻，嫌電視台每天播出的集數太少，可是等看到大結局，才覺得也不過如此。

戀愛了，巴望著有個圓滿的結局，誰想到中途夭折，也就是失戀了，我竟然幾年時間一蹶不振，懷念與她相處的時日，問天天不語，問地地不靈，留給我許久的遺憾。直到如今才想起，這樣也好，總有個念頭在心裡，好像我們的戀愛永遠未完成，其實早已結束，這是個無奈的結局，無奈是人生中最常見的痛，我怎能逃脫？

有一次，在一本書中看到古龍談創作，他說「結局永遠都不會是可愛的，永遠不會」，「無論怎樣開心可樂的事，到了最後就不開心可愛了」。說得太好了，這話讓我想起了「忘記」。

# 將吶喊進行到底

人一生讀的最多、最長、最認真的小說是自己寫的，用生命來寫，翻開最後一頁就是死亡。這樣的悲劇所有人都在寫，結局是注定的，但每個人每一天的心中都在期待著一個美好的明天，為了明天爭奪、憎恨、嫉妒、仇恨，只要是沒有翻到最後一頁就不會放棄，這是生而為人的可愛之處，也是可恨之處。

可愛，是因為人活著就必須奮鬥，奮鬥是所有人生命的意義，承認與否不重要，重要的是想好好活著就得奮鬥，我們別無選擇。儘管結局已經注定，但奮鬥包涵的太多，有汗水也有享受，有成功也有失敗，有樂趣也有苦澀。它讓我們嘗盡人生的滋味。這正如古龍所說的那樣——「生命本身就是場戰爭，大大小小，各式各樣的戰爭」。人生的路就是爭戰的路，戰爭沒有完美的結局，可是人生無論輸贏卻有一個公平的結局，它磨礪著好人，也懲罰著壞人。

人與人的奮鬥基礎是不同的，所以人與人之間會有很大的差距。有的人生活得那麼卑賤，有的人活得那麼驕傲。這樣的時候，讓我們就會想是不是「命運」被什麼操縱著？也許這種感覺誰都有過，只是誰也說不清楚。其實不管怎樣，活著就不是一件簡單的事。如果真有人想清楚了自己會怎樣活過一生，那他就是活得最沒意思的人。

有人說，生命就是一段過程。我們多數時候是忘記了結局而活著，要麼認真，要麼消極，要麼偏執，要麼茫然。其實，不管是做人還是做事，一個人要是真能忘記結局，那才是想得開的人，他活得就會比別人開心一些。

忘記，說起來容易，做起來真難。人生中最大的痛苦莫過於對一些於己不公平的事耿耿於懷。最大的悲哀是常常會想一些自己不該想起的人和不該想起的事。如果說快樂是人間天堂，那麼心懷怨恨的人、心懷不滿的人、心懷鬼胎的人都看不見天堂，不是嗎？

說忘記，人畢竟還是要回憶，一生之中畢竟能有多少值得回憶的事呢？怕不會太多。反而是那些應該忘記的事天天在困擾著我們。古人說，「人生不如意事十之八九」。得失之間，我們何必看得太清太認真？

生命中有個奇怪的現象，一個人很深的悲哀和痛苦，在不斷地回憶中加深了記憶。一個人受人恩惠卻會隨著時間的推移會淡忘。也許忘記好處是人的本能，就像有的父母一輩子，只打過一次孩子，而孩子卻能記一輩子，但過去的種種好處忘得十有八九。也許該忘不忘，不該忘的忘了，是迴盪人生的一支悲涼的曲調。

我想，在生命這個過程中，只有那些懂得忘記什麼且又懂得該記憶什麼的人，才能真正享受生命，活得快樂。

## 快樂是個副產品

「只要你快樂！」這是戀愛中的人們常說的一句話。可什麼是快樂呢？跟戀人在一起就是快樂的！考上大學就是快樂的！嫁個有錢人就是快樂的！娶個美女就是快樂的！得到了想要的東西就是快樂的！真的是這樣嗎？我覺得，快樂就像牡丹花一樣早上開，晚上就凋謝了。

雖然快樂是容易凋謝，但我們還會一如既往地去做能使自己開心的事，相信事情做好之後我們一定是快樂的，我們的生活就是如此滿足，只要我們發現其中有快樂的因素，我們就會投入，有時候我們並不是那麼認真，但我們顯然從中感到一定的滿足，哪怕這件事並沒有什麼意義。

其實，快樂大多數時候不是我們真正尋找的東西。比如說，談戀愛的目的是為了快樂嗎？對大學的嚮往不是，嫁個有錢人的盤算更不是；再比如，得到想要的東西，快樂是因為得到了東西，它僅僅是這個過程的一個副產品，它不是結局，而是名副其實的一種附屬感覺。

也就是說，快樂，我們人人希望擁有，而它不是我們真正尋找的東西。我們可以因為某些事而高興，也因為實現了某個願望而欣喜若狂。只能這樣說，目標的實現過程，讓我們有了好心情。

也有這樣的時候，我們突然覺得很開心。可能是有人誇你漂亮，也可能是有人說你有能力，還可能是你得到了老闆的信任，或者是你覺得某事有利可圖，所以你暗自高興，很明顯，高興是因為你覺得有希望，你覺得，漂亮會得到許多人愛慕，能力強了會有人崇拜，老闆信任會得到重用，有錢了當然可以實現自己的某些心願。但是一經察覺的快樂，快樂也就快結束了。比如說，你漂亮卻沒有因為漂亮而得到你愛戀之人的回應，有能力卻好多事沒做成功，原來「有能力」僅僅是別人隨口的一句稱讚，老闆信任你也僅僅是幾天的時間，過後重用的居然是別人，原來估計著自己會賺許多錢到頭來卻遠遠地低於預期。這是一種情況，另一種情況就是預想之中的事都實現了，快樂也就結束了，因為新的欲望誕生了。

儘管如此，我們還是希望快樂常相隨，這是一件多麼不容易的事呢？比如說，買個大房子吧，可是要花好多錢呢！什麼時候有這個條件呢？再比如說，買個汽車吧，剛開始開來開去覺得很有滿足感，後來發現路上有好多名車呢！情緒一下子又低落下來。就拿大學生來說吧，剛畢業覺得有一份安定的工作該多好啊，可是有了工作後，才發現薪水待遇有些低，而老闆又像大爺一樣高高在上，升遷顯然是遙遙無期的事情，快樂何在？

不知你發現了沒有，每個人在實現願望的路上都是比較快樂的，因為目標越接近，快樂越明朗。我曾看見幾個工人十幾天的時間裡，每天唱著歌聽著收音機裡的歌，愉快地往牆上貼瓷磚，一塊瓷磚糊上水泥後十公斤重，幾百平方公尺的大樓貼得他們從手腕到腰腿都疼痛起來了，但他們嘴上說痛，看樣子卻個個都很快樂，因為有事幹，還因為幹完活之後會有豐厚的工錢。賺錢是結果，而期間所產生的快樂就是他們的副產品。

有人說，旅遊很快樂啊，這應該沒有什麼功利思想吧。我覺得旅遊的快樂來自於遠離了身邊讓你煩惱的人和事，一方面你感覺新地方的鮮、奇、美，另一方面讓你暫時忘記老地方的煩、躁、憂。

事實上，不管做什麼事，只要你願意，只要你喜歡，只要有希望，你就會享受做事的快樂。比如，喜歡工作的人就是這樣。當然，工作對每個人來說存在著不確定的因素，比如，一個本來喜歡自己工作的人，但他後來變得貪得無厭，常嫉妒他人，於是原有的快樂就開始隱退了。目標的轉變，讓那個副產品變了模樣。其實，快樂就是個影子，有什麼樣的心態就有什麼樣的影子，悲喜一念間。

# 如果生命是一種愛好

生命是什麼呢？應該是一個認真而努力地生長、成熟直到消失的過程。有誰能明白？有誰能相信？我們都是為傳遞永恆而來，用一生來思考用一生來完成屬於自己的那一部分，多少可貴的心願都消逝在歲月裡。比如，那些愛，那些關懷，那些幫助，那些牽掛……

# 讀書的幸福

圖書館來電約稿，說他們舉辦讀書活動需要稿件，我把以前寫的兩篇讀書筆記拿了過去。

接待我的人員十分熱情，他們說經常在報上看到我的作品，寫得好，也勤奮。我說，寫作是我業餘所做的事，我用在寫作上的時間很少，讀書是我的主業，所以我會盡力支持圖書館舉辦的活動。

事實上，不讀書哪能寫作呢？讀書就是寫作源泉，生活都是作品，每一天，每一件事都是作品，然而不讀書我們就不能把它很好地展示出來，也不能把握住其中的隱意。作品是用想像和智慧編織出來的，讀書才能拓展想像，啟迪思維。

談話間他們談到了現代人不讀書，不知道如何讀書。我說，現在的人都很忙。忙，是這個時代人們的共同特徵。忙是在與命運據理力爭，很多時候卻是在逃避，逃避對自己精神的梳理，彷彿承擔不起這份責任一般。生命歸根結底是無力的，無論是已獲得，還是正在嚮往，誰都可能感覺到自己的無力，而讀書卻能給人以力量，因為讀書是尋求支援的最好方式。

讀書的好處有很多，它是一種溝通、一種交流、一種思考、一種補充、一種賞析、一種超越、一種拯救；寫作只是它的副產品，是一種創造、一種收穫、一種探求、一種陳述。讀書提供給我們多種選擇，比如思想的選擇，生活的選擇等等，它完全可以補充我們的思想、感情、經驗等。一個人的生活閱歷畢竟有限，不讀書就意味著切斷了與眾人的溝通、與世界的溝通，特別是與智者的溝通。

當然讀書並不是真的「開券有益」，現在流行「文化速食」，商家的炒作都是利益在作祟，而我們都是有思辨能力的。比如說我，由於文化結構的關係，所以看不懂的書不讀，炒買炒賣的書不讀，看幾段沒有新意的書不讀，還有教人成為天才或如何發財的書也不讀。也許是人各有志吧，愛讀書的永遠知道自己想讀怎樣的書。

我不善交際，也沒有更多的時間和財力去旅遊、去各種場合玩樂，但讀書能滿足我的好奇心，也能在別人的故事中發現自己的影子。也許我靜下心來讀書，一方面是我想讓在生活中受挫的心在書中尋找安慰，另一方面是想擺脫單調，也許讀書是一件單調的事，但絕不是件平庸的事，它完全能讓我們知道世上還有各種命運、各種生活的人。我沒有一天不受平庸的困擾，也就是讀書才讓我覺得生活原來很自由，生活原來可以拒絕平庸。

雖然讀了這麼多年的書，還沒有擺脫生活中許多困境，但它早已改變了我的心情。我相信人是活在心情中的，有一個好心情生活會變得無限的寬闊。要知道在以前，我是帶著功利心閱讀的，功利的閱讀是膚淺的，也是無力的，沒有了閱讀的快樂，彷彿是一種苦役，我得到的除了浮躁還能有什麼呢？

也許生活並不殘酷，殘酷的是我們荒謬的行為。比如無謂的等待，幻想式的期望，還有速食式的文化，這都是等待著被時代淘汰的行為。讀書從來是求真務實的，而不是一種裝飾，否則就是浪費自己的生命。歷史從來就不缺少時間，而我們最常做的事，就是浪費時間粉飾自己。

賈平凹說：「讀書是幸福的，有福的人才讀書。」而我認為讀書的幸福就在於你是否與閱讀有緣，也正如愛情中的真情與假意一般，讀書的幸福也是需要我們用一生來呵護與愛慕的，只有這樣才能體味讀書的幸福。

## 心境灰暗時

資訊時代給我們帶來了諸多的便利，也給了我們許多不利的因素。比如說，我們最能接受的資訊總是帶著令人壓抑的成分，也難怪壓抑已經成為一種較為普遍的社會心理。

我想每一個時代都必然有其陰暗面，資訊閉塞的年代，人們是不知者不怪，然而現在資訊比速食來得還快，我們享受資訊盛宴時候，不得不像一架機器一樣處理這些資訊帶給我們思想或情感的負面影響。

一位朋友曾跟我說過這樣的話：「我覺得生活真是沒指望了，湊合著活吧。工作繁重枯燥不說，幹得多幹得好也沒用，升遷無望，你看那些當官的，大多是有背景的人。」

他感到前途無望才說這樣的話。還有一位經商的朋友說，現代社會都讓有錢人搞亂了，錢多的欺壓錢少的，那些管理的人也助紂為虐，專門欺負窮人。

事實上，這兩種現象是從古至今都存在的，窮人說富人壞，富人說窮人刁，百姓說商人奸，商人說官員黑，這好像是默認的現象。再加上許多媒體對這類現象興趣濃厚，揭露社會的陰暗面是許多人拍手稱快的事。我覺得應該給社會提個醒，這種事情太多，人們的心態與行為就會變得越來越消極與古怪，一方面可能是見怪不怪，另一方面卻也產生了很明顯的壓抑心理。

不用媒體宣傳，在日常生活中，誰沒有感覺到社會的冷酷，人群的勢利？誰不覺得自己是生活在四面楚歌、孤立無援的境地裡？捫心自問，面對社會，心中的怨恨是否多於愛呢？為什麼會這樣？完全是長期壓抑造成的。

人都有這樣的感覺，當某種需要得不到滿足，而這種需要又十分強烈卻又無可奈何時，壓抑感就會油然而生。儘管你的需要是合理的、正當的，但是你有滿足的條件，卻擋不住會節外生枝，你夢寐以求的事成了泡影，能不感到壓抑、煩悶嗎？

比如說，現在人們工作負擔很重，在我們在工作中接收到的資訊幾乎都是在一點點地往人們心裡滲透競爭的壓力，也許某些管理層覺得這是提高人們工作積極性的方法。事實上如果人們時時處在於壓抑感中，只能讓焦慮和消沉的人越來越多。更何況每個人本來就對自己的期望值很高，打擊又是無時不在。

經濟迅猛發展，讓人感到壓抑的資訊也越來越多，得過且過的人越來越多，悲觀消極的人越來越多，及時行樂的人越來越多，自私自利的人越來越多，沽名釣譽的人越來越多；善待自己的人越來越少，寬宏大度的人越來越少，勇往直前的人越來越少，戰勝自己的人越來越少，能正確面對社會的人越來越少。

換句話說，不知道如何釋放自己壓抑情緒的人越來越多了。及時享受的人也好，滿大街找情人的人也罷，其實都是在尋找釋放自己壓抑情緒的方式。這與精神空虛無關，也與道德敗壞不沾邊。感到痛苦與壓抑就得釋放出來，人都有這樣的需求，可是不恰當的方式只能增添更多的壓力。醫學已經證明，壓抑會使人患上各種疾病，比如說，調查發現，長期患有憂鬱症的人的癌症發病率高達百分之七十五以上。

有一個問題常常困擾著我們，那就是人生的意義。迷茫的人會想到這個問題，感到壓抑的人會想到這個問題，失意的人也會想到這個問題。但看到希望的人不會想，步入成功之路的人不會想，快樂的人不會想。不想至少不會用這個問題打擊自己，就像我們忘記自己會死亡一樣，忘記這個問題應該是釋放壓抑的開始。

前面我說人都有「自愛」的需要，自愛應該是人生最大的能量。世界上有積極樂觀的人，也有悲觀得不可救藥的人，我認為完全是因為「自愛」的方式不同。不管社會怎樣變遷，不管人情是否冷暖，我們應該想起的不是活著的意義，而是不希望自己不快樂。

生命的光耀是每個人與生俱來的願望，這是許多壓抑情緒的根源。我認為，被環境所逼，如果勉強自己去爭取一個好結果，首先應有個好心態，成功只能是盡力而為的事，但並不是一定要完成的，如果鑽牛角尖，只會越走越偏激，鑽進狹小的角落後只能看到陰暗。

在壓抑中，許多人願意放縱自己，比如不斷地吃喝玩樂，自以為是享受，其實是糟蹋身體。身體健康精神才有可能旺盛，也許壓抑讓我們厭倦生活，這是在厭倦自己，但厭倦自己就是糟蹋身體的理由嗎?長此以往，結果只能是不可救藥。

當然說起來容易，做起來難，我也是從灰暗的心境中爬過來的人，回首過往，除了同情自己的傻沒有別的。雖然現在也不是那麼清醒，更談不上明智，可能更多的是糊塗。當然，我沒有「難得糊塗」的境界，只是覺得能活動、能思想、能體會、能欣賞就是生活的厚愛。活著是一種難得的機會，我想，有些人把自己看得很高很重，內心裡卻苦不堪言，有可能是他們在低估自己的生命價值。

## 雕刻心靈

還記得《多情劍客無情劍》中李尋歡不停地雕塑林詩音的鏡頭嗎？雕了埋，埋了雕。為什麼？因為他孤獨。孤獨者以自己的心靈標準衡量愛情。

他不停地雕刻是為了強加給自己一份完美的、無情的、無法解釋的愛情，藉以撫慰自己孤獨的心靈。他不是無事可做，在完成「大俠事業」的同時，他的感情是一片荒漠。

我相信，每個人心中都有一個完美的愛情形象，都在用心靈雕刻。像李尋歡一樣，他是明著雕，別人是暗著雕。時不時地想起某個藏於你心靈中的那個人，臆想中不斷地昇華、神化，抑或懷念、幻滅，但不管哪種情況你都是幸福與純潔的，儘管心情可能並不美好。

也許孤獨是我們每一個人的命運，我們會永遠一個人流浪在路上。可是這個旅程中總有些事需要我們去做，做什麼呢？當然是尋找幸福。愛情是最直接的幸福之源，可是為什麼許多人花費了很大的力氣走入了婚姻的殿堂，卻失去了感知幸福的能力呢？

我聽說過吸毒的人，開始的時候是小劑量的，後來就越吸越多。原來人的神經是有適應性的，開始少劑量的就能給人幸福的感覺，可是後來原有的劑量就會失去效力，必須加大劑量。愛情與吸毒有相似之處，當你得到一份完美的愛情後，過一段時間竟然也會麻木不仁起來。

人們說得不到的是最好的。所以李尋歡不停地雕刻他的偶像，許多人也不停地在心裡雕塑某個已失去的人。這沒有錯，我們都會以心情為家，我們是自己的主人，我們可以用這樣的方式來救贖自己的靈魂，有一點無奈，但我們只好做尋夢者，哪怕是孤獨地自編、自導、自演，誰也不能感動，誰也不知道我們在想什麼，但我們在孤獨中尋找一個人的愛情，就像我們在寂寞中保持冷靜一樣。

不要說，這多麼齷齪，甚至卑下。有句名言這樣說：「一個偉人無論如何自命為高尚神聖，如果解除了他的思想武器（理性、公義等等），便是一個沉溺於情欲的大壞蛋。」那種淩駕於生命之上的孤獨誰能躲開呢？

人總是這樣的，一念一想之間都會有感情的波動，而我們常常提倡的道德，如果戰勝了我們的感情，就會變成一種消極的安慰。而大多數人何嘗不是在這種消極的安慰中生活著？

也許在有些人看來，孤獨是一個可笑的、空洞的詞語。羅曼．羅蘭（Romain

Rolland）也說過：「力量，在孤獨中默默生長、成熟……」這句話所指的方面很多，就看我們怎樣解釋，其實解釋又有什麼用呢？

在孤獨中，一個人完全可以向獸性成長，丟棄愛、溫暖和友情，要知道即便是無知平庸的人也不願在孤獨中掙扎。人也可以向神性成長，智者不是在孤獨中思考出許多人生哲理嗎？生活是嚴酷的，向神性成長的人畢竟是少數，是上升還是墮落就看怎樣理解。不管有沒有人認可，反正孤獨屬於每一個人。

有幻想愛情的，也就有幻想輝煌的，在孤獨中掙扎都是一種求生的欲望。有淺薄的孤獨，也有深刻的孤獨，其實每一個人都是藝術家，因為他們在心裡雕刻著自己的欲望。雕刻是一份苦難，但它能在最平常、最普通、最平淡的日子裡讓我們抵禦陣陣襲來的孤寂、悲涼、煩悶。

也許雕刻不能讓我們化腐朽為神奇，但我們只能以這樣的方式，來懲罰自己或者寬恕自己。也許心靈的那把刻刀已經磨鈍，但我們只能用它來征服自己或者反思自己。

也許愛情從來都是虛擬的，那麼我們為什麼要不停地雕刻一件虛擬的藝術品？我想，我們別無選擇，歲月無情無義，我們不能。

# 私密時光

記憶總有所選擇，仇恨可以忘記，幸福卻會成為一輩子的隱私。

每一次與朋友外出、坐車的時候、吃飯的時候，他總喜歡回憶初戀女友，說起她的愛好，她的裝扮，愛吃什麼菜，喜歡穿什麼顏色的衣服，如數家珍。他津津樂道時，我一再提醒他：「你已經說過N遍了。」可他還會說下去，挖掘記憶，說出些我沒有聽過的小事。我曾經對他說過：「你孩子都上學了，還說那些幹什麼？」他笑而不答。

我與他不同，絕對不會在別人面前回憶幸福的時光，我會在我不如意的時候使勁地想念一番，然後無奈地回到現實中。曾有人說過這樣的話，女人都希望男人一輩子記住她，好像指的是失戀後。大意是說，恨也好，愛也罷，只要記住就好。其實在男人心中，愛是不會忘記的，如果有恨，那也只是暫時的，過一段時間，對她的恨早就跑到爪哇國去了。

人都是有懷舊情緒的。在一個男人得意的時候，最先想起的是他對不起的那個女人。我的另一個朋友窮的時候，常常向我講述某女子追求他時的事蹟，等他成功之後再也不提從前的那些事，而是想給那女的辦點實事，經常在朋友中間打聽她的消息，結果還真讓他幫上了忙，換了工作。我們跟他開玩笑說，是不是想重溫舊夢啊？他說愛情是無法補償的，那是一種心傷。他只是想讓她過得幸福一點，心裡好受一些。

有人在失去的時候不覺得可貴，一旦隔了些日子就有所不同。我有過這樣一位同事，二十五歲的時候，有人給他介紹了個對象，兩個人交往半年多時間便分手，後來他又找了好幾個女的都沒結果，直到他三十一歲那年，有人再次給他介紹從前那個女的，兩人竟然是一拍即合，大概是雙方都懷念著對方的好吧，這一回沒用多長時間就結婚了。

失去的能找回來，皆大歡喜。但許多人是找不回來的，有時候找回來卻變了滋味，所以有了「相見不如懷念」的道理。我也有一種習慣，總是在百無聊賴的時候，想起那曾經擁有而已經失去的人，回憶幸福的時光總能給人某種安慰。有時候覺得這顯然是一種遺憾，有時候又覺得那分明是擁有，怎能說擁有令我遺憾的事不是一種幸福呢？

我相信每個人都會有一段或幾段祕密心事，也許有的事在別人看來不值得一提，但在他心裡可能是至誠至極的寶貴。當然一個人如果能將自己的私密曝光，那只能說明還有更隱祕的事情，能說出來的往往是次要的。

也就是在寂寞的時候，我才去回憶。古人寂寞的時候，常常借描寫月光來寄託感情，而月光是借太陽之光，它清冷而不熱烈，幽情而執著。張小嫻說：「月亮是一個人內心的追尋，也是最私密的時光。」借月光而追尋往事，有多少無奈與寥落呢？儘管這樣也要追尋，寂寞是與生俱來的，可真正的寂寞卻是因愛而生的，感情是孤獨的源頭，追索這個源頭是為了澄清幸福。

澄清幸福，更多的時候是一種心理治療，因為私密時光其實並不幸福。

# 自尊的最好方式

有一個小男孩把蛹撿回家，想看看它是怎樣孵化成蝴蝶的。過了些日子，他看見蛹上面出現了一個小裂縫，裡面的蝴蝶在掙扎，好幾個小時出不來，身體很明顯是被卡住了。他不忍心就用剪刀把蛹剪開了，讓蝴蝶出來，而出來的蝴蝶翅膀還沒長成，身體還很肥大，根本不能飛，不久就死了。小孩子不懂得，蝴蝶沒有了在蛹裡的掙扎，也就沒有了長出堅強有力的雙翅的機會。

做人也是這樣，生活中有許多人沒有真才實學，卻急於成功，他們時刻盼望著得到別人大力的幫助，有的人一輩子也等不到「貴人相助」，有的人等到了最後也成了「扶不起的阿斗」。人人都盼著成功，但世上沒有不經歷痛苦掙扎的成功。

也許生命的滋味，不是讓我們來品嘗苦痛的；也許生命的價值，不是讓我們以成功作為標誌的；也許生命的色彩，更不是等到輝煌燦爛才表明我們存在的意義。但人生都

# 如果生命是一種愛好

會負重前行。

也許每個人都知道要珍惜生命，但很少有人學會珍惜，我們常常放大自己成長經歷中的痛苦，以至於學會逃避，學會不負責任，學會低調處事，可生活的艱辛一樣也不會少。比如說吧，放棄爭取的時候，我們內心是痛苦的；逃避現實的時候，我們又是自卑的；孤立無援的時候，我們又是那麼茫然。也許人總得先「自助」才有「他助」。

東漢學者張衡在詩中說：「人生在勤，不索何求？」他說的「勤」應該指人「破繭」的一個過程。蝴蝶破繭要掙扎很長時間，是為了讓翅膀長成而且變得有力，如果放棄必然是死於繭中，我們做人也一樣，悄無聲息地活著是一個不自信的過程，消極地對待生活慢慢成全自己自卑的心態。

我特別喜歡席慕蓉的散文《生命的滋味》，文中寫到：「要多少年的時光才能裝滿一片波濤的海洋？要多少時光才能把山石沖蝕成沙粒？要多少多少年的時光，這個世界才能等候我們的來臨？」她還說：「每一條走過來的路都有它不得不跋涉的理由。」然而我們每天是向前跋涉還是往後退呢？

活著必須學會熱愛生命，因為來之不易。也得學會真正地去愛人和愛這個世界，因為這是享用生命的基礎。總是算計著愛與不愛，那只能是不斷地摧折自己的生命。不管愛自己還是這個世界，愛只有成為「一項決心、一項判斷、一項許諾」，我們才能有真切地體味生命的卑微與尊貴。

人生中的每一次磨礪都是不可少的，而我們的每一種努力都有或多或少的收穫，我們生命的意義和價值就應該包涵其中。尊嚴是我們自己爭取來的，卑微也是我們自己選擇的。席慕蓉說：人的生命就如一件琢磨著的藝術品。藝術品沒有磨煉好，得到別人的欣賞並不是一件容易的事。

我們沒有權力挽回和改正過去的一切，我們只能從現在開始對自己負責任，走自己破繭成蝶的路，這是我們獲得自尊的最好方式。

# 解脫

生活一如既往地進行著，可是有許多人在作繭自縛，縛住了自然難受，於是想盡力解脫。可是過一陣子又會把自己綁起來，開始尋找新一輪的解脫。

人生是需要解脫的，也許生命都是需要解脫的。花蕾擺脫了外衣的束縛才能開出嬌豔的花，種子擺脫土地的壓制才能長出小幼苗，樹木不斷撐裂樹皮束縛才能更粗更壯等等。

前些日子遇到一位女子，她拿著我的新書來找我簽名，其實是想問一個問題。她說，生活中身邊的人都說她開朗樂觀，事實上她活得很不如意，不想活的念頭都有，可能是善於在人們面前偽裝自己吧，人們都以為她過得很心寬。她還說自己每月有可觀收入，丈夫也挺能幹，孩子上學了，學習還可以，但心裡總是煩躁，從未停止過。

我不是她的心理醫生，也知道她肯定隱瞞著什麼，當然她也不會輕易相信我這個陌生人，把「病因」誠實地說出來，所以我沒有必要刨根問底。我問她：「你知道什麼叫『開朗』嗎？」開，就是想得開，看得開，眼前的路廣闊；朗，就是聰明、智慧、高興。在外人面前「開朗」，而獨自熬心，肯定是有什麼解不開的心結。一個普遍的心結，人們都喜歡在「真情」或「真愛」上疑惑，其實，所謂的真愛，應該是無私的、不求回報的愛，而這樣對你的人哪裡有呢？如果說有，父母身上可以找到，而在你面前的男人都不會一輩子這樣無所求地愛你，更何況希望一個人「真愛」你，你的「真愛」又在哪裡？還不是有所求，有所圖嗎？一個人為他愛的人毫無所求地一直付出，若你是一個被愛者，說不定你覺得這是一種糾纏了，再說你也會於心不忍。也許每個人都遇到過一段時間的「真愛」，但終究會變質。這是因為沒有再愛下去的活力。「真愛」也需要有活力需要更新，因為我們是有生命的、有欲望的人。我希望她做心情的主人，不要總是被別人左右，也不要總是想著左右別人。因為世上絕對的自由在心裡，絕對的「真愛」也在心裡。

說這麼多，我是覺得這個女子費了一番周折找到我不容易。她不可能說出自己的心結，我也不可能給她做出完美的解答。關於愛情、關於人生、關於生活，我也許有發言權，但肯定不能很好地解釋它們。但關於解脫我卻是有感而發的，誰不是在不斷的解脫中成長的呢？

人生常有的事是失意，失意的人便是帶著陰影生活的人，他們看到暗黑多於光明。屋子裡暗了，我們可以走出來。有了煩惱，我們需要沖洗心情。帶著陰影生活是可憐的，無法解脫更是可悲的，我們不可憐自己等誰來可憐呢？悲情的禁錮始終得自己打破，別人無論是關懷還是同情，都不可能讓你完全走出來，更有可能的是在別人的關懷與幫助中進入新一輪的束縛之中。我們就是這樣常常與生活一起欺騙著自己或他人。比如愛情吧，愛是一種解脫，不愛也是。包袱總是有人背起，有人放下。解脫也是，有人釋放，有人自縛。

這沒有什麼可怕的，一次解脫便是一次新生，一次解脫也是一次新的起點，一次解脫也是一次超越。有人說，超越自我，放飛夢想。是啊，人生就是在不斷的解脫中走出懊悔，走出憂傷，同時我們也會走向成熟，走向成功。

解脫完全是一種活力再現。生命需要解脫，是解脫讓你發現，生活原來這麼豐富，世界原來這麼寬廣，人生原來這麼美好。

# 如果生命是一種愛好

每天開始寫作的時候，我總是在想一個問題：「我這是在做什麼，到底想要什麼？」

我想寫的到底是些什麼呢？我無法說清楚以後的思路，也早已亂了以前的想法。

窗外，鞭炮聲漸行漸遠，風已不再是刺骨的無形針，又是一年的開始，日子過得太快了。這黑與白的反覆，這思與問的困惑，這簡單與複雜的更替，都無法說明我的心情。

每當這樣的時候，我不知道自己是在珍惜時間還是在珍惜生命，如果生命是一種愛好，那麼時光就是一種幸福的相隨，可是我想告訴人們的是什麼呢？

常回憶起，我與心愛的女子坐在一起的情境：笨拙的我，不會說出任何愛的話語，也更不會裝出關心的樣子，只是笑容掛滿眉梢，只是想跟她說話，哪怕說到地老天荒，把我所知道的，不知道的都說出來，只為把幸福留住。

而我現在是在面對自己，寫作就是這樣的事，每次打開電腦，總有些話想說出來，總有些事想弄明白，其實，關於幸福，關於人生，關於愛情等許多事都是永遠無法說清楚的，這世界必須留有餘地，留下那些無法解釋的事，為了人們更好地生存。

我得承認解釋生活我無能為力，我能做並且願意做的事，就是想懂得生活，盡量多懂一些。我的想法很可笑，每次寫作就像是坐在心愛的女子面前一樣，寫給她看，說給她聽，我總覺得她一定能看到，這是我的動力。其實如果真的坐在她面前，我一定會語無倫次，胡說八道。誰不想留住幸福呢？可我總是讓她帶著失望離去。好在我的機會還有許多，一天又一天，一年又一年，我總在寫總在說，彷彿她就坐在我對面安靜而甜美地笑看著。

還有比與自己心愛的人面對面更幸福的事嗎？如果生命能夠永恆，如果時光能夠停頓，如果人與人能夠相愛到永遠，那麼這個世界就是完美的。可惜這個世界缺少的就是完美，完美只能住在人們心中，讓一代又一代的人嚮往下去，這便是永恆了。每一個活著的人都是延續永恆的接力者，承受也享受，成長也老去。這個任務人們都愉快地接受了，有眼淚也有歡笑，有痛苦也有興奮，用幾千個上萬個日夜來傳承，用幾萬個幾億個故事來編織。

生命是什麼呢？應該是一個認真而努力地生長、成熟直到消失的過程。有誰能明白？有誰能相信？我們都是為傳遞永恆而來，用一生來思考、用一生來完成屬於自己的那一部分，多少可貴的心願都消逝在歲月裡。比如，那些愛，那些關懷，那些幫助，那些牽掛……歲月一直在延續，就如同我坐在這朦朧的幸福中一樣，忘記了孤單與寂寞，述說著朦朧的感覺與思念一般。思念什麼呢？其實更像是追憶了，不管我怎樣惋惜、怎樣熱愛、怎樣努力、怎樣珍惜，生命依然會靜靜地流逝，一去不回。

今夜，我坐在電腦對面，記錄我生命的痕跡。我知道我為什麼要寫來寫去，雖然我說不清對面坐著的人是另一個我，還是她。其實坐著誰都是一樣的，愛她就是愛我自己，因為愛自己才會愛她啊。

其實我早知道我們無緣，只是這錯過讓人心痛，可慰我心的是沒有錯過一世的陌生，這就足夠了。別離總是憂傷的，時光的別離、生命的別離、愛的別離，都讓我趕上了，可是誰沒有過呢？

走過這長長的夜，伴文字的生和時光的滅，一種隱約的安慰，一種無奈的不捨，這一切都怪那顆固執的心，一顆不願忘記的心，留戀顧盼間，猛看見一輪明月掛在天邊上，是蘇東坡望見的那個月嗎？

## 沙特的遺憾

沙特（Jean-Paul Sartre）的一生功成名就，一般人最企望的美滿愛情和事業成功，他都得到了。但是在他的垂暮之年，他卻說：「生活給予了我想要的東西，同時它又讓我認識到這沒多大意思。」

沙特是帶著這樣的遺憾離世的，如果說美滿的愛情和事業有成都沒意思，那麼活在世上還有什麼有意思呢？大概是他覺得人在垂暮之年活著就好，其他的都不重要吧。

人老的時候，精神不濟，缺少銳氣，知道來日無多，天命難違，美滿的愛情可以慰藉人生的寂然卻不能留駐光陰，事業的成功可以得到世人的敬仰，卻如過眼雲煙一般，只能是一道靚麗的風景，對於沙特本人來說這樣的風景沒有也罷，只要能多一些平淡的日子比什麼都好。

愛情、事業、錢財都無用的時刻，人不得不心生一種悲涼感，智慧在這種時候也顯得乏力，美在這種時候也顯得乏味。哲學家沙特的遺憾其實是眾生的遺憾，只是我們知道，但常常不願面對和不願想起這種遺憾，到了一定時候，我們不得不面對，那麼就任身心在這種遺憾的煎熬中，告別我們所鍾愛和留戀的人世。

「不知死，焉知生」，明白了這個必然，我們就應該想一想有生之年，該怎樣做事？怎樣生活？怎樣待人？怎樣對己？

「人生苦短」，憑什麼說「苦短」呢？就憑這個「必然」。有的人苦著臉生活了一輩子，有的人愁悶一輩子。我們愁苦的時候，生活也愁苦；我們煩悶的時候，生活也煩悶。同樣，我們微笑的時候，生活也在微笑；我們輕鬆的時候，生活也很輕鬆。相比老年人來說，能感受到陽光的日子，都值得微笑；相比病人來說，能感受健康的日子，都值得慶幸；相比小孩子來說，能洞察世事游刃於紛繁的人事中就值得欣慰。

生活在陽光下，感覺不到生活美好的人有很多。如果我們明白一個老人為能看到第二天的陽光而感到高興的心情，那麼我們就不會為許多小事而斤斤計較，不會為那麼幾塊錢而大動肝火。如果我們明白了一位睿智的哲學家認為成功和美滿的愛情沒有多大意思的遺憾，就會知道人其實很多時候需要的很少。

比如說，許多動物和植物都是先於我們人類的存在而存在的，可是到如今，它們都被人們一一占有，並分割成一個個的國家或一塊一塊的區域的物種，這也無可厚非。也許這是大方向大趨勢，但這種趨勢只能說明，有了人類，就有了無盡的占有欲和征服欲，因而延伸出無盡的悲喜歷史。

對於個人而言，總是擁有了一些東西，緊接著就想擁有另一些東西。所有的奢望都是因為心動，所有的傷悲也都是因為心動。所有的爭取都是因為比較，所有的煩惱也都是因為比較。一些人是身不由己地無法選擇自己的生活，一些人是心不由己地無法穩定自己的生活。

人是貪得無厭的，但到了一定的時候就會有厭。當一個人不再貪得無厭的時候，有可能他進入了珍惜生命返璞歸真的階段，也有可能他成了個知足知福的人，這樣的人這種時候大多開始造福於人了。

## 虛榮未逞的悲傷

一位朋友向我訴苦，說他妻子每月消費超過了六千元，兩人的薪水根本不夠花。他想不通，都四十歲的人了，不是做美容，就是上街購物，買回來的衣服穿兩三次就沒了新鮮感，要不送人，要不壓箱底。

對於普通雙薪家庭來說這確實不是個小數目，他還說無法阻止妻子的行為，否則就會吵鬧。與其不停地吵架，不如由著她，可這哪裡像過日子啊。

我說，關鍵是你能賺錢，先是處心積慮地謀升官，後來是一邊當官一邊做生意，她不花誰花呢?穿著打扮是一種享受，也是一種威信，在女人之間的威信，不關歲數的事。

朋友說，這哪裡是威信，簡直是虛榮，女人的虛榮心真是累死男人、害死男人。

我的這位朋友幾年來不斷地更換職位，他能說會道，見人說人話見鬼說鬼話，官職雖然沒升多麼高，但是暗中做生意賺了不少錢。在別人看來，他至少是半個成功人士，可一肚子的苦水，也只有對我這個傻瓜倒。

# 如果生命是一種愛好

有人說，「幸福不在浪費金錢中產生」。特別是在一個家庭中，能花錢的是在尋找幸福感，另一個卻在失去幸福感，所以兩人都不會幸福。其實「欲望比實際享受更誘人，希望得到的東西比實際擁有的東西更吸引人」——巴爾扎克（Honoré de Balzac）。

我對他說：「你說女人虛榮，其實世界上最虛榮的是男人。」人們都說男人為事業而活著，女人為愛情而活著。什麼是事業呢？事業就是虛榮心的體現，人人都為這個野心而活著，虛榮能讓一個人認識自己，看清自己的能力，激發自己的潛力。

有人鄙視爭名奪利的人，我覺得這更像是鄙視自己，因為這是很正常的現象，是生活的需要、社會的需要，強者生存，這很公平，否則社會怎能進步呢？有人埋怨環境，環境的壓力是無法表現自我的壓力的，沒有人喜歡平穩平庸的生活，因為有了比較，比較無止境，也沒有絕對的標準，不滿意現狀的生存從比較開始。這就關係到自尊心的問題，虛榮是保護自尊最好的方式，生活中人人都在掙扎著保護自尊，自尊心受到傷害，就會不斷地刺激人們的虛榮心，虛榮往往是逼不得已的事。儘管它讓人不停地期待，令人疲於奔命，但你卻總覺得不去虛榮一把就好像缺少了點什麼。

常常有人感慨，活得沒有意義。因為找不到表現的機會，看不到更多的希望，許多年如一日地活著，讓人苦悶。一個人沒有真正嘗到被環境侷限的滋味，是不會懂得苦悶的，苦悶是靜態的等待，然而虛榮需要為自己創造機會，變成一種動態的追求。

女人不停地打扮自己，是在爭取閃亮的機會，而男人的苦悶，則是在浪費生命，其實沒有必要那樣想，那樣只能令人疲倦，令人衰老。橫豎都是一生，只要生命不重複浪費，機會就有很多。

人一生最大的遺憾是虛榮未逞的悲傷，也許只有爭取才能少一些遺憾。

## 反覆的心

有愛也有恨，有聚也有散，有喜也有悲，是誰把這個地方打扮得如此豐富？我問自己。

從清早到晚上，有落寞也有明朗，有憂鬱也有歡笑，如同一陣陣的風，眨眼間讓心流浪了一天。

記得，從前看海倫．凱勒（Helen Adams Keller）的《假如給我三天光明》感動不已，她說，有一雙明亮眼睛的人們，往往對生活熟視無睹，不懂得珍惜眼前的美。這個世界的確很美，可惜我為生活，為夢想，忙忙碌碌忘記了欣賞，並且常常將幸福的時光忽略不計，讓煩惱駐足於心。我想，從一開始，我就注定是一個迷失方向的人，因為我有一顆反覆的心。

# 如果生命是一種愛好

夜與晝交替著，四季也在交替著，明與暗交替著，冷與熱也在交替著。冥冥之中，萬物是相通的嗎？為什麼？不知不覺中，我竟然行走在歡樂與悲涼的天地間，生活在希望與絕望的日子裡？惆悵與徬徨一起剝奪了它們所能帶走的一分一秒，嚮往與告別像起伏的波浪覆蓋著我所有的心情。

我看見許許多多的人，在一個稱作人生舞台的地方不停地拚搏，他們體驗著渺小，也體驗著強大，體驗著收穫，也體驗著失落。他們倔強地思考著、舞動著，也幸福地思念著、寂寞著。我知道，這裡深藏著我所不懂的生活，海一般的深與闊，夢一般的美與幻。

我想，我是在沉淪，沒有誰拋棄我，我也沒有拋棄誰，只是負載我的心靈的夢想，有淚流出來。時間總是不慌不忙地等待著我，等待著我堅強或者懦弱的消息，等待著我前行或者踏步的足音。

我想，我是疲憊了，沒有了複雜的思慮與無奈的掙扎，只有單純的想法與無怨的情緒，沒有誰來提醒我，望月不語，心留餘白，靜靜地把自己渴望的東西，細想一遍。我不知道，這是在編織一個理由，還是在重蹈一種錯誤。

錯就錯吧，反覆的心，怎能沒有悲喜與恩怨呢？

只能自己原諒自己，人總有被生活浪潮擊倒的時候，也有被荒唐的感情俘虜的歲月。人一出生就意味著有一顆愛的種子在形成，我只能遊走在愛與恨的交界處，只能存在於生與死的期限內，我不後悔來到這個世界上，只是我無法解開內心反覆的謎。

我知道，我從來沒有逃離世俗的憂煩，我是不停地與虛無作對，與無聊討價還價。生命就是一條河，得不停地奔流，無論是平靜還是喧鬧，歡呼還是哀怨，都無法停止，所以無論是光榮還是失敗，是清澈還是混沌，都得面對。

又是迷人的春天，又是無邊的靜夜；又是看不完聽不夠的花香鳥語，又是剪不斷理還亂的情絲；又是無盡的期盼與等待，又是輕漾的文字與訴說。朝朝暮暮，尋尋覓覓，反反覆複，我不能用所有的歡樂或痛苦來描寫心中的反覆，且把它作為一種留戀的方式吧。因為，回頭望去，走過的每一天都挺可愛。

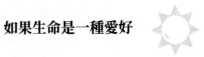

# 離情

一個充滿燈光的夜晚、一個帶著秋意的夜晚，是我在感受夜的脈搏、夜的呼吸，還是夜在感受我的憂傷與領悟？其實都不重要，重要的是我的彷徨與空虛。在這秋夜的寬厚與神祕中，彷彿有一雙冷峻的目光穿越夜的陰影來看我，只是一眼，也是一瞬間，像偶爾閃過的車燈一樣，匆匆地不知流向哪裡。

# 理想如水

理想，誰都有，而真正的理想，是一種人生的智慧與清醒，一個人能保持清醒，那麼他的理想就不是很遠。

有理想就應該不怕遠，容易實現的就不是理想。

怕遠的人，當然走不遠。才走幾步，他就會想，前面的路還很長，目標遙遠，怎麼可能走得到呢？

一個人沒有理想，生活永遠是「殘酷的現實」，總覺得生活辜負他。一個沒有明確理想的人，他會不停地轉變方向、工作、人際關係，或者關心其他的事，也許每一次改變都會解決目前的困擾，都會暫時填滿內心的空虛，但真正的問題並沒有解決，還是會像沒有理想的人一樣。這兩種人最明顯的特徵就是抱怨環境。

為理想而奮鬥的人，這樣對待環境：「惡劣的環境也是實在的環境，既不缺什麼，也不少什麼。」（摘自《莫札特》）其實許多人的理想，包涵著對環境的不滿，卻不得不在其中服苦役。

人的生命看似簡單脆弱，實際上蘊藏著無限的能量，這就如同水一樣。

世界上，水是人們公認的柔弱的東西，它遇圓則圓，遇方則方，但它也能滴石穿石，許多剛強的東西被它摧毀。一滴水沒什麼力量，但流入岩縫裡，結成冰，就會開石；一碗水，也沒有什麼力量，但化成蒸汽就成了機器的動力，可以拉動上百噸的東西。

理想也像水一樣。如果理想只是一種思考，那麼它真實的力量永遠不會起作用。理想必須與人結合起來，但不注入熱忱與信念，它永遠是一種思考、一種期望，或者說是一個夢。

人生在世，每個人都有獨特的稟賦，每個人都有獨特的人生價值觀，都可以按照自己的稟賦發展。可無論怎樣，總覺得自己湮沒在他人的光輝中，怎麼可能戰勝那麼多的人呢？

任何理想的實現，其本質不是戰勝別人，而是戰勝自己，因為熱情與信念都是源自於內心的東西，所以一個人一生的奮鬥與追求，常常是一場與自我為敵的戰爭，需要突破的不是別人的陣地，而是自設的陷阱與絆索。不管是什麼理想，不管有多麼好的成功條件與環境，如果不能自我突破，理想最終都會「胎死腹中」。

與其羨慕實現理想的人有才能、有機會、有運氣，不如說他們有熱忱、有毅力、有極強的自制力。理想人人有，只是缺失了這三方面，就會因動力不足而很容易失去。失去理想的人，也可能非常忙碌，但終究沒有更多的生命活力。這就如同一個社會，失去了理想，文明的車輪只能是原地轉動，到處充滿黑暗與愚昧，沒有勃勃生機，只有死氣沉沉，滿目瘡痍。

理想不能等，許多人等待一個非同尋常的機會改變命運，其實是一分一秒地失去讓理想實現的時間。實現理想，沒有捷徑，異想天開之後是寸步未行。

理想如水，面對理想，我們只有兩種選擇，要麼精心培養、積蓄沸騰的力量，準備成功；要麼放任自流，碌碌無為，靜寂無望。

## 幸福麻痺症

國中時，我的兩個同學開始戀愛，他們戀愛的時間很長，一直到大學畢業，並且分配到一個城市，算來有八年的戀愛史，可惜，工作不久兩人就分手了，都說沒感覺了。

戀愛這事，也會過期作廢嗎？不管開始的時候，有多少歡樂，多少希望，多少海誓山盟，多少感動與不眠之夜，到了一定的時間都會褪色嗎？愉悅消失了，希望沒有了，原來的信誓旦旦也變得不重要了。這是多麼讓人失望的事呢！

張小嫻說，最初的愛情最客氣。這句話應該是從富蘭克林（Benjamin Franklin）的話中演變而來的，原話是：「愛是由禮儀來表現、來接受。所有的愛情，最初都在盡力展現禮儀。」愛情的美好，與最初的禮儀分不開，男女雙方開始都以高標準的禮儀要求自己，只做對方喜歡的事，只說對方愛聽的話，許多人性的美都會在愛的初期展示出來，比如，忍讓、寬容、理解，還有不厭其煩的問候，禮貌的傾聽等等。可以說為了達到相愛的目的，兩人是費盡心思行盡禮儀。美好愛情的開始與這些禮儀分不開。

比如說，平時公車上，不讓座的年輕人，戀愛的時候會讓；平時吝嗇的人，會大方地給乞丐錢；平時邋遢的人，戀愛的時候，會注重儀表，變得乾淨起來等等。愛情的美麗與純粹，顯示著人類應有的美德，也包涵著人們應該走入的境界。如果人們都以戀愛的標準要求自己，那世界的美好是不言而喻的。

只要雙方都想將愛進行到底，最初的愛情，絕不會有無禮的行為發生。可是無論怎樣美好的想法，在經過了一段時間後，都會演變成從有禮到無禮的過程。不再有溫柔的話語，過去的甜言蜜語突然變成粗話的時候，說明愛情已經進入了維持的階段。

我們都知道，相愛是無比的幸福，禮儀使愉悅的狀態保持了相當長的時間，可這並不能說明幸福是牢固的，人往往是不滿足於現狀的，人心是致力於發展的，得到幸福與保住幸福是兩回事，日子一長幸福就不可能穩固，禮儀的簡略是最初的表現，但實質上是感覺的退化。這就像戀愛初期一樣，愛的濃與淡是能從禮儀上看出來的。

人的感覺是在不知不覺中變化的，沒有人會在意這種微妙的變化，但它確實存在，而且破壞著既有的幸福感。比如一件東西，沒得到之前，覺得很重要，得到的開始階段非常珍惜，後來慢慢地就不再感覺到擁有這件東西的快樂，失去了可能會痛苦，但絕對不會是沒得到之前那麼痛苦。當一個人的快樂不再那麼強烈，他的嚮往會有意無意地發生轉移，去發現或尋找能讓他更快樂的東西。

不管願意與否，幸福感經不起時間浸泡，泡走一些魅力，也泡淡一些真誠。以前相愛的人，是不會輕易結束愛情的，但愛情的年齡與人的身體年齡一樣，走起下坡路來就無法約束，你越想遏止老得越快，吃什麼補品都不管用，那是內在的變化，而不是表面的現象。當愛情老了，淡淡的味道，不會太冷也不會太熱，只有兩條路，不是分手，就是進入婚姻。但這種時候，大多數人會自覺地選擇分手。因為愛已到期，雙方都不會像從前那樣盡心竭力地、費盡心思地完成這個緣分。念一份恩情，但都會意識到，等待他們的是苦果，枯萎的花就讓它隨風而去，勉強對兩人都不好。

當愛情結束，回想起最初的禮儀，誰都會有受騙的感覺，實際上，每一份感情都帶著缺點，誰都想盡力做好，可是誰又能做到最好呢？

我們身邊的幸福也是這樣，幸福生活長久持續，而我們卻越來越感覺不到幸福的存在，在別人看來你是優越的，但你內心裡卻有許多不滿，這說明可能患上了幸福麻痺症。幸福感是源自內心的，它會改變或消減，需要我們時時提醒自己，並且及時調整心態。

## 做幸福的樹葉

我們都知道成功是美麗的，但平凡是不可避免的。就像樹葉不會變成果實一樣，人們稱讚果實的時候，一般不會想起樹葉。

也許是樹葉太平凡，也許平凡包含著被遺忘的痛苦，也許生命本就少不了淚水與哀愁。

也許樹葉沒有必要為別人活著，活給自己就足夠了。不管是感受細雨，還是傾聽天籟，也不管是不甘沉默，不甘屈辱，它們都不會忘記，因為它們的根是平凡的。平凡的根，默默地支撐著樹葉的靈魂。在生命的道路上，是根，成就了樹葉的平凡之旅，也許生命不是一種變換，如果樹葉奢望付出努力是為了命運的改變，那麼它們就不可能輕鬆地呼吸，自然地生長。

這話有些酸酸的味道，誰又甘於平凡？其實，生命的開始，樹葉就不停地嘗試、不停地追求，嘗試著擁有、也嘗試著爭取，追求著自由、也追求著幸福。也許正因為嘗試與追求，憂傷從此駐紮心靈，懷著幾分迷茫，輕輕地詢問生命：如果生命只是為了忍受，要意識做什麼？

是的，是意識，給了樹葉渴望的空間。

於是，風和日麗的日子裡，因為抱怨其他的葉子而忘記珍惜自己擁有的一切；風風雨雨的日子裡，因為怨天尤人常常愁眉不展。那麼樹葉什麼時候快樂過呢？樹葉常常自命平凡，可它們走的是不平凡的路。有人說過，真正的平凡不容易做到，那是一種告別無知的炫耀之後的意識，也是一種結束淺薄的妄想之後的成熟，真正甘於平凡的人是幸福的。怕就怕走著平庸的路，做著自命不凡的夢。

樹葉有與人一樣的競爭，都是希望與希望的摩擦，都是生命與生命的抗衡。看上去，悄悄地出芽，慢慢地生長，默默地獨立，實際上，完全是一個個鬥爭的過程。看上去，盡力製造營養，滋潤自己，成全果實。實際上，為美化自己，暗中與果實爭養分。有時候，它們仰望天上的雲，感受撲面而來的風，看看路邊的花，或者是俯視熟識或陌生人們的笑臉，只是想透過它們來瞭解自己是否依然平凡。

真正的平凡，我們天天都能看到：比如陽光，它默默無言卻照出了一個明朗的天地；比如大地，它也默默無聲，卻孕育著無數人的希望；比如白雲，它悠悠然往前走，清清淡淡，平平凡凡，卻多姿多彩。平凡成了一種風景，一種風度。

追求幸福的樹葉，也許並不知道幸福時刻伴隨著它們，只是它們沒有悉心感受自己所擁有的幸福。就像不善於奉獻，不善於感覺幸福的人一樣，等到秋風到來，唯有隨風而去。

# 靜下心來沉住氣

生活有些浮躁，許多時候需要沉住氣。

有人喜歡用為誰賣命的話來形容工作。當該你做的你做了，不該你做的工作你也做了，你有些生氣，你覺得受人排擠，受人打壓，沒關係的，這時候需要靜下心來。

可是這樣的情況下，你很難靜心，做應該做的是給自己賣命，而做不應該做的，好像是在被人逼著賣命，這種時候最容易傷的不是身體而是心肺。生氣是划不來的，像心頭插了一把刀，正中他人的圈套。

俗話說，人善被人欺。欺負人的人往往是想顯示一下虛榮，表露一下手段，就給他這個機會吧，但你千萬要記住，保持好的心態，鍛鍊好自己的身體。有這樣一個武俠小說，說有個人，親人被仇家殺光，只有他一人逃脫。他躲在一個深山中拿著祖傳的九陽神功開練，他練啊練，不知吃了多少苦，受了多少罪，終於成功了。於是開始了他的復仇大業，可是他找到仇家的時候，發現那些殺人不眨眼的傢伙們，全都老死了，只剩下一個沒牙的老太婆，還不會武功，當他全家遇難時，她還在襁褓之中，因為這事已經過了六十多年了。他無奈離開了，但明白了一個道理，好好活著，才是最厲害的武功，才是對敵人最大的報復。

遇到不公平的事，需要靜下心來，也許等你有足夠的力量和能力的時候，你已經懶得計較從前。一方面你是一個心胸寬闊之人，另一方面是壓力給出你足夠成長的動力。所以看似很糟糕讓人氣憤的事，說不定是好事，就看你怎樣對待。

耐得住寂寞的人可能會成為大師，耐得住貧困的人可能會成為富翁，耐得住苦難的人可能成就幸福人生。穩住自己，才能穩住對手，才能想自己所想，做自己應做之事。有時候，我們覺得工作中，狂一點，傲一點，滑一點，油一點的人，看上去很風光，很得意，事實上這些人往往成不了大氣。他們接受不了一點毛刺，耐不住半點不公平，公平平又能怎樣？不賣命就玩命。生命是短暫的，賣命的並不是命賤，玩命也不是意味著命貴。真正貴重的生命是那些澈底改變不公平的人，因為你已經超越或者昇華，只有從不公平中崛起的人，才彰顯與眾不同的命運。

一切都是心態在作怪，所以首先得靜下心。想一想，有多少人以公平為榮，實際上做的是賣命的差事。又有多少人心胸狹窄，圖一時之快，不給自己留積蓄力量的機會，沉不住氣而對人發難，其實就是洩自己的氣。又有多少人以不公平為恥，化悲憤為力量，默默地與命運抗爭。容下的是力量，容不下的就變成了毒素。

# 什麼也別問

那天，他沮喪地來見我，失戀了。

他跟我嘮叨了很多話，除了埋怨，就是傷感。當然實質性的問題他沒有說，也不用他說，真正的原因我已經明白，她不想愛了。

「佛說：『前世的五百次回眸才換來今生的擦肩而過。』這一次，你可以積攢更多的回首，等來生再續前緣。」我這樣說，他淡然一笑，我知道，他不相信，不相信愛到盡頭是無法挽回的。

他說，她總是躲著他，偶爾通話，卻不願多說，問她為什麼，她說覺得兩人不合適。

我說：「到了這種地步還有什麼好問的？你不覺得自己可憐嗎？你越想弄明白，越不甘心失敗，其實是在長她的傲氣，一次又一次地打擊自己，連我也覺得離開你是最好的選擇，何況她呢？」

他說，只是希望重歸於好。可他這明明是走向更深的傷害中，當斷不斷必受其亂，

## 離情

愛到迷途是殘害。

戀愛是快樂的，那是開始的時候，之後，如果有人覺得越來越彆扭最好分開，有人受傷是必然的事，沒有傷害的戀愛是不正常的。先離開的人肯定不會留戀曾經的快樂時光，所以不要問為什麼。

不要問為什麼，如果她有了新的男朋友，離開你之前她就清楚人家比你有優勢，絕不會等到分手時，明確地告訴你。心裡的事誰願意示眾呢？

不要問為什麼，也不要再表白了，所謂的真愛，所謂的堅持，像理想一樣，一遇到現實問題，困難就接踵而來。

不要問為什麼，也不要把「那就做朋友吧」掛在嘴上，如果你被傷得很重，誰也不願意接近，而你以朋友自居，一方面是抱一點幻想，另一方面是為了等待時機，等來好的還是壞的時機，要看你在她心目中的位置，實際上，即便是她有後悔的時候，你也沒有了任何機會，因為在她離開你的日子裡，你們連普通朋友也不是，她不會傻到給你報復的機會。

戀愛就是這樣的，分手之後，什麼也別問，祝福就好。兩個人不能如約到白首，何以勉為其難呢？

什麼也別問，包括問自己。緣起緣盡，是那份心中不捨的情結，每一次內心創傷都是一種成熟，大多數痛苦不是別人贈送的，而是自己製造的。不能從內心裡原諒別人，也就無法原諒自己。所以為他人祝福，其實是為自己造福。

# 生命的限期

朋友的父親身患絕症，聽說最多能活三個月，他老人家沒有更多的精神到樓下走動，最常做的事就是上網看一些歷史故事，可是最近電腦壞了，所以朋友把我請來。

大約過了兩個小時，電腦修理好了。期間，老人的兩個兒子從外地打來電話，當然是問候老人。真是，人之將死，其言也善，他不停地問孫子孫女的情況，並且囑咐天涼了要為孩子多添衣服等等，明明是兒子問候老人，卻成了他問候兒子們近況的通話。

我心裡一直不安，眼前分明是一位慈祥的老人，誰會想到再過一些日子他就沒了呢？當然我也想到，人都會死的，可是人是否清楚地知道生命該怎麼度過呢？

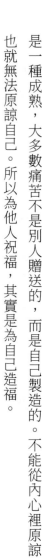

兒子與他通話時，兒子勸他去醫院。他說：「不了，不能再折騰了，再花多少錢也沒用，只是增加你們一些負擔，現在只想安靜地待在家裡，等死的時候，回來看看我就行了。」

不知道他兒子是怎麼想的，聽了這話，我的心情一下子沉重起來。每個人都有生命的期限，大多數人是個百年之內的未知數，而他已知。生命的已知絕對是一種打擊。還記得我的一位同學得知得了肺癌，還沒撐過兩個月就去世了，而同一病房同一種病的另一位老人卻堅持了一年半，老人也知道病情，只是他不像我的同學那樣恐懼，他每天在醫院的小花園裡轉來轉去，而且還有心思看書。有人說，他可能是覺得活到一大把年紀，死了並沒有太多的遺憾吧。但我覺得不是，面對死亡，誰都有很深的遺憾，應該說老人比較想得開放得下。

而今天，面對這樣的情景，我不敢勸老人，因為如果換成我，肯定沒有他那麼鎮定。我也想過說些寬慰的話，可是每次想開口時，又覺得毫無說服力，就硬生生地咽了回去。我只有假裝樂觀的樣子，把一些簡單的操作方法和技巧教給老人，並且把我曾經看過的一些幽默搞笑的網頁推薦給他，這是我的一點心意，私下認為他看那些就會像我一樣快樂一點。我知道，老人比我的心態好，面對他這樣的病人我不能多說什麼。

回家的路上，我的心裡依然不能平靜，生命的有限性控制著許多人的人生態度，也調節著他們的心情，破壞著他們的理想。人們之所以常常把快樂幸福掛在嘴上，無非是為了暫時忘記那個令人不快的預期。

人都知道生命是有期限的，可是怎麼面對人生？各有各的想法。面對理想，人常提到超越自我，超越現實。面對生命的限期，誰能靜下心來超越現實呢？

每個人擁有生命，但不一定懂得生命。也許真的如有人所說：「如果能平平安安地度過一天，就是一種福氣。」可是有多少人對這種福氣視而不見呢？又有多少人成天埋怨生活的不如意呢？我也是這「多少人」中的一個。

其實，我不只一次，面對這樣的場面了，每當想起我父母以及其他親人離世的那些場面，就慈悲滿懷。

# 當時只道是尋常

時間如水，中間有條河，而我最親的人就在河的那一邊。又逢團圓佳節，焉能不思量？

就像今天，八月十五，洗著衣服，突然想起父母親來，不由地黯然神傷。他們是最疼愛我的人，可是都過早地離世了，想起他們健在時，我回家團聚，也不覺得有什麼特別，而今，每到這個節日，總是讓我想起來就後悔，為什麼當時我那麼傻呢？沒有陪他們多說一會兒話，也沒有給他們多買一些好吃的，更沒有讓他們省過一天心。欠他們的太多，所以我現在做多少事都覺得應該，因為那時他們在，我太清閒，以至於不知道什麼叫累，什麼叫苦，什麼叫人生的艱難，因為所有的一切苦力他們都包辦了。

## 離情

真的，想起來很傷心，為父母，也為自己。人生這條路，是羊腸小徑，前人受後人的氣，還總是心甘情願地為後人操心、鋪路，死而後已。清楚地記得，父親病故時，他話也說不出來了，動也不能動，但看到醫生要給他打針還努力地瞪著眼睛挺著身子，顯然是想活下來，而我的姐妹們都已經淚流滿面，明明知道他在奮力掙扎，可是已經無力回天了。當我突然想到，他再也看不見我了，再也不能幫我做這做那了，就心痛得不行。出殯的那幾天，我沒怎麼哭泣，因為我想起來，他再也不用那麼勞累了，再也不用為他不爭氣的兒子操心了，有什麼苦什麼罪，讓兒子一個人承擔吧。他現在可以休息，再休息，不用想，不用看，也不用生氣，更不用失望。

這個世界上最疼我的人是母親，她走得更早，更突然。我連她最後一面都沒看到，但她對我的種種疼愛，是我餘生再也無福消受了。但是，我回報她的往往是冷漠，有時嫌棄她囉嗦，有時嫌她多事。記得有一年，我十多歲，村裡有表演，夜裡很冷，她幫我穿上長外套，誰知人們推擠時，把我擠倒了，因為穿著長外套我怎麼也站不起來，被人們踩了好幾下。事後，我常常怨母親說差點被她害死，而母親也承認自己的失誤，並且後悔不已，每次說起來，她都會落淚。當我再也看不到她後，才想起，她不是因為後悔給我穿長外套，而是因為我經常埋怨她才落淚，我錯得離譜。

為孩子洗衣服時，我總是怕洗不淨，當年父母親也是以這樣的心情對我吧。而我的孩子也總是與我們唱反調，叫他寫作業，偏偏去玩，要她保護視力，她總是想怎麼看書就怎麼來，結果近視越來越深，弄得我乾著急。

唉，誰叫我們都血肉相連呢？當時只道是尋常，關於孩子有苦有怨往自己肚裡咽，就像當年我的淘氣一樣。今天是個團圓日，我看著孩子無憂無慮的樣子，我說不上高興還是煩惱，但想起疼愛我的親人，心裡就不由得悵惘。

月是人間最沉默的知音。想起父母，才知我曾經是那麼接近幸福。在這月圓之際，也明白了，我欠你們的，將用與你們同樣的方式，也是你們不知道的模式，默默地償還。

# 一輩子幾個人

有的人走南闖北，有的人固守一個地方、一間公司過一輩子，不管是誰，我們交往最多的，除了親人，就是身邊屈指可數的幾個人。一般來說交際再廣的人，常交往的也不會超過十個，一段時間內可以交往很多人，但長時間交往的也就是三四個甚至一兩個人，同事、朋友、上司、部下……就是這些人，有時好得像親人，有時壞得像仇人，有時關係漸漸淡化讓別人替代。其中的言行互相影響，不能小看這些影響，我們一生就是在這些微妙的關係中度過的。

當相互之間有利益衝突，或者出現了層次之分，比如說，其中某個人高升了，成了你上級，這就是你們分離的開始：你是像原來一樣呢？還是甘願低他一等服從命令聽指揮呢？不管怎麼說，你心裡肯定不好受，離開是個遲早的問題。如果有利益衝突就更不用說了，小便宜可以積累成大問題，不是所有人都那麼大度，也不是所有人都那麼想得開，到了具體的小事情中，每個人都有些小心眼、小想法，這是身邊的人決定我們心情的關鍵所在。

親人往往在我們人生的最初階段起決定作用，他們雖然跟隨我們大半輩子，是我們的依託和情緒寄存處。但我們永遠是和最近的人和事打交道，這些「最近」的，也是致命的，快樂與痛苦就產生在這些關係中。比如，戀愛了，你的心情會很長時間隨著與戀人的關係而起伏。有孩子了，孩子的精神面貌、健康狀況會影響我們一大部分心思。也就是說親近的人限定了我們生活的情緒。

工作中交朋友也是這個道理，不能大意，特別是對待身邊的人，是他們的存在讓生活複雜化，也是與他們之間的言行形成了個人世界。我們一輩子，無論是人品、性格，還是道德觀念、幸福指數等，都與這些人有關，都會受到這些人的影響。

一個人不願意拉幫結派，也會在不知不覺中組成自己生活的小圈子，王蒙說「生命如屋」。圈內的人就是屋裡人，可以分享幸福與快樂，也可以傾訴失望與痛苦，可以排解欲望，也可以表達懷疑。人最好的東西是舌頭，能吃香的說好的；最壞的東西也是舌頭，能吃苦的說壞的。人與人的關係永遠是雙向的，是可變的。今天配合默契，明天可能就會貌合神離，也就是說會有人走出你的屋子。遇到這種情況，有人困惑，有人猜疑，有人痛心疾首，有人氣急敗壞，有人一笑而過，有人甘之如飴。

如何對待身邊的人、親近的人實際上是我們人生的一個大問題，但我們往往忽視了它。事實上，我們一生的好運與壞運與之有密切聯繫，關係到我們心情和處境的問題應該重視起來，這是一門應該用更多的時間來體察、分析、思考的人生哲學。

## 離情

來到公車站的時候，剛開走一輛車，下一趟得四十分鐘以後才發車。

女兒說：「爸，你先回去吧，我自己等就好。」我說：「再等等，有這麼多東西，我得把你送上車，再說正下著雨呢。」

女兒在外縣市讀書，兩個星期才回一趟家，每次來送她，我的心裡都不好受，不是因為她還小，而是覺得去那麼遠的學校，我與孩子相處的時間太短了。

## 離情

正想著，陸續有家長來送孩子，沒多久，十多個孩子、家長，聚在車站的馬路邊上。

天正下著小雨，他們像我和女兒一樣拿著傘，兩兩聚著。來送孩子的母親們正不停地嘮叨著什麼，而父親們大多像我一樣，一臉嚴肅地注視著街上來來往往的車輛。我想，他們的內心也一定很不平靜。

像今天這樣能與孩子站在一起的機會並不多，在以前，我來送她，她總會與同學們在車站邊玩耍起來。今天是因為雨，讓我們唯一能做的事就是站在一起等著，孩子一定不知道，我這樣安靜地站著，其實是在享受一種父女間簡單的快樂與幸福。

等一會兒如果汽車來了，她就會上去，然後去學校。接著就有兩個星期的等待，等她要回來的時候，我會採購一些她愛吃的食物，吃不了就讓她帶回學校。可是無論她帶多少東西，也帶不走我的失落感。

就這樣我們站著，我突然想起當年父母送我的情景，心裡明白了什麼。那時我的父母也常常送我，他們應該跟我這時的心情一樣，一面是想與我多待一會兒，一面是希望我去學校後好好學習。這都是二十多年前的事了，生活竟然以相似的面孔等待著我，讓我體會二十年前我全然未知的感覺。

今天的我，明白這些有什麼用呢？我像當初一樣，不後悔，也不覺得遺憾，父母送孩子就營造了一種留戀與希望的混合氣氛，只是我真實地感覺到幸福的易逝了。那種父母離開我，而孩子也要離開我的感覺，讓我不禁產生疑問：「幸福，都是在臨近的時候覺察不到的嗎？」可能不是。但這種親情的分別平添了我的許多愁緒。

我知道，孩子會回來的，可是來去之間，我能體驗多少熟悉而又親切的溫情，孩子又能為我撫平多少思念與等待的傷感呢？這樣說我是太自私了。可是我有自私的權利，也有反覆分別與相聚的理由，就是沒有把這種惆悵變成一種不斷重複的幸福的能力啊。

也許孩子去求學是為了功名，然而在功名之外，應該有一種東西比這更長遠更重要，它永遠不會消失，只是讓人不知道該怎樣珍惜和保存它，就像我明知道與父母待在一起是那麼的幸福，可是我必須離去，去工作，去尋找屬於自己的生活，任憑相互的思念在歲月裡飛翔與延伸……車來了，像以前一樣，家長們把各自的孩子送上車，然後下來，目送車離去。

遠遠的，我似乎看見女兒在車上向我揮手，我微笑著，點著頭，而舉步之時，才覺得有淚從眼角流了出來。

# 夜心情

走在長長的馬路上，有汽車不間斷地駛過，而路上的行人越來越少。在這夏盡秋至的夜晚，往日的繁華不在。其實也沒什麼，失去了嘈雜的人聲，反而多了清靜，我無端的憂傷只是一種情緒，因為大自然的繁榮與衰落是很正常的事情。

長長的路上，我不知道走向哪兒，只是想走走，起初只是在家裡覺得煩躁，彷彿外面就是自由，就是相遇，就是清風拂面了。可是走在這樣的路上，盼望的、嚮往的、感覺的都變了，變成一種貯藏、一種記憶、一種資訊。

九月的風吹過，在懷裡、在心裡、在夢裡。我知道隨風飄蕩有行走的雲，可是我看不見。還有我，還有許許多多草木土石，它們微笑著對著我，就像我無奈地想起它們一樣。當然還有五穀和碩果，都是想像中一種芬芳的變化，都是一種預知的欣慰吧。

這些年馬路上車越來越多，我不能也不敢隨意地走、隨意地想，只是在路邊隨腳下延伸的方塊磚向前，遠遠地望去有無數個浮動著的光點，像一條流動的燈河，近了又遠了。夏日的夜晚我也出來走動，也看到過這樣的情景，只是此刻的心情，有模糊的低語穿過耳邊。

總把這似曾相識的場面，放入記憶的昨天，卻不是；總想把這樣的初秋留住，而只能是在紙上反覆出現，出現曾經的光影還有那些悲歡，彷彿是千萬年也寫不完的故事與感慨。

沒有忘記，也沒有想起；沒有溫柔，也沒有慷慨；沒有世故，也沒有了人情。在這漸涼漸寒的風中，寂寞與離散同在，惆悵與思念同在，告別與希望同在，悲涼與懺悔同在。

多麼神奇的大自然、多麼自然的大自然，透明與混沌交替著，低吟與神祕交替著，在我的生命之上之下之前之後之左之右，就這樣調動著我，主宰著我，規範著我。在縹緲的天空下，在廣袤的大地一角，有一個我一頁一行地讀著，走著。

一個充滿燈光的夜晚、一個帶著秋意的夜晚，是我在感受夜的脈搏、夜的呼吸，還是夜在感受我的憂傷與領悟？其實都不重要，重要的是我的彷徨與空虛。在這秋夜的寬厚與神祕中，彷彿有一雙冷峻的目光穿越夜的陰影來看我，只是一眼，也是一瞬間，像偶爾閃過的車燈一樣，匆匆地不知流向哪裡。

回頭，依舊是沒有盡頭的路，依舊是無盡的燈光，依舊是無盡的朦朧。我不知道我在尋找什麼，等待什麼，嚮往什麼。只是感覺這夜的冷清、夜的緘默、夜的深沉中藏著生活，也藏著茫然。

多少次我在夜裡行走，從春天走到了今天，走到這秋夜裡。然而它的強大與神祕淹沒了我的弱小與愚昧，它的豐富與充實包容了我的貧乏與思索，它的豪壯與無窮擁載著我的自私與無情。

從來就是這樣，大自然連同它的夜還有那寒意，讓我望不盡，想不透，讀不懂。我的純情它的傲慢，我的嗚咽它的高歌，都被吞沒在這夜裡。只是在我轉身的一剎那，才感覺到剛剛謝幕的是幸福……

## 去散步

只有在陰天，我才會隨意地在街上走，不管多遠，只要不出城，我總能找到回家的路。今夏陰天多，我外出的時候也多。

這也就是在假日裡才有這樣充足的時間和心情，我不喜歡逛街購物，也不去群聚娛樂，只想獨自走來走去。不是怕與人交往會產生爭執與計較，而是想自己盡可能地支配屬於自己的心情、自己的時間。

陰天常常伴著細雨，灰濛濛的，不過這不影響我的散步。街道擁擠，這些年轎車越來越多，坐公車既慢也不自由，再說我也不知道自己的目的地，只是隨意地看或聽，散步的好處就在其中，若是你匆匆忙忙必然無法體會散步的好處。

散步時不時地能看到老房子，有精雕的門樓，也有不常見的飛簷，讓你不由人想起從前，那是怎樣的年代生活著怎樣的一群人呢？不過都遠了，再遠也逃不過我的想像，就像現在忙忙碌碌的人群，總有一天要換成另一群人，另一種生活方式，住在另一種建築裡。不過我並不為這些感傷，沒有必要的，在我眼前的只有風景，只有道路，當然還有閒適的心情。

在以前工作的時候總想著放假，而放假了又不知道做什麼，現在好了，有時間我就去散步，不像以前玩牌或下棋，一個假期糊里糊塗就過去了，然後接著盼望。我到處散步，印象最深的就是公園裡遇到的一位老人，他帶著幾個學生用巨大的毛筆在地磚上用水練書法，看上去那些孩子最大的也不過十歲，但字寫得很有勁道，能寫出各式的風格特徵，可惜我家離得太遠，要不還真想學習一下，也不知老人是否收我這個成年徒弟？

有時候，雨下得大了點，我不是躲在公園的亭子裡，就是躲在人家的屋簷下，要不乾脆坐在公車站牌下，這些年站牌都修建了避雨亭，這是現代文明的腳步，也是社會發展的體現。好在下大雨的時候不多，我在站牌下避雨的時候也不多，公車司機總以為我是在等車，我很不好意思。雨裡看風景很有趣，彷彿下雨是天大的事，行人總是做得那麼誇張，車跑人跑完全是忙亂的景象。不管別人，我還是老樣子，等待著、傾聽著、安靜著，往往這種時候，汽車的叫聲驟然增大增多，但我還是能聽到遠方悠遠肅穆的火車聲，像來自蒼穹，也像來自天外。雨如果再大，我就選擇就近的小吃店，買點東西，等雨停。

雨後看物還有一種新鮮感，草也嫵媚，人也清醒，街也亮堂，比雨前的灰濛濛要純亮得多。但雨後的街面更熱鬧，這一會兒又到處是車聲人聲，鋪天蓋地，一波未平一波又起。我還是選擇小巷。

晴天裡，傘是夏日的一道風景。我不會被傘所吸引，依然會不慌不忙地且走且看，有鬆馳與隨意撫慰著我的心，我更相信，在城市裡，這是唯一一種接近天籟的方式，當然也是單純的生活樂趣，簡單得不能再簡單，鎮定得不能再鎮定，不用去理解那麼多那麼難的事物與道理，也不用去幻想未來或悲愁現在，人總是做一廂情願的事，所以會生出太多的失望與歎息。而我現在的散步也是一廂情願的，但包涵著匆促的人們不能兼得的情緒。

人是善於標榜自我的，好像是在輕蔑低俗與忙碌，選擇高雅與輕鬆，但怎能說輕鬆不是一種消耗，高雅不是一種做作呢?忙碌裡有生活，等待裡也有，匆忙中有風度，沉默中也有。審美的傾向誰都有，只是各人各角度罷了。與其說我接近真實而別人更接近虛幻，不如說我是冷血的而他人是熱情的。自省與原諒一樣重要，等待與奮鬥同樣委屈。

人是容易被感染的，行人的態度影響著我的閒適，我的遊思也沖淡著灑脫。當閒散不能給人以平靜與微笑時，就顯得有些狡黠與滑稽了。

散步有時也會生出許多閒情與無奈來，當你把生活日常化、平淡化，真實就會湧現心頭，帶著浮躁，帶著虛妄，帶著幼稚，當然帶著更多的是願望。也許是我的修養不夠，心胸狹窄，也許是生活本來就充滿著莊嚴，充滿著雄心，充滿著真切，一掃出發時的幾分可愛、幾分沉靜、幾分趣味，於是簡單與爽氣就不在了。

這樣的時候，最好什麼也不要想，準備回家，而回家的路又是那麼的長，但不要匆匆。讓回家的感覺好起來，就得像兒時的遊戲，那時媽媽常為你不按時回家而著急，聽到媽媽的喊聲你認為這很有趣，也很愜意，畢竟那是一種至深至誠的愛。而現在你不急，當你把自己當成兒童，回家的過程就變成愉悅自我的遊戲，只是看你是否願意。謀生是一種需要，樂生則是一種有難度的選擇。

就是這樣，一天裡其他的事不做，去散步，我不會像審判昨天一樣審判我的今天，因為這是我的選擇。

# 看張

張愛玲的散文，帶著很明顯的女性氣息。她的散文總是灰色心境，無論寫什麼讀出來的都是淒涼。

她的散文不多，《流言》《張看》《續集》共收集了她六十多篇散文。一個善於寫小說的作家，寫散文也是信手拈來，從她最早的散文就能瞭解到她的生活一直不如意。文章隨心隨人隨時隨地，她的想像力豐富，表現在小說中，給人們講故事，也不忘了加入她的悲觀情調。

我讀張愛玲的文章，得做充分的心理準備。雖然我已讀過梁實秋、朱自清、林語堂、胡適、林清弦等人的散文，但是對於女作家的散文，我讀之前還是先得斟酌一番：為什麼要這樣呢？因為我怕被女性化了，我從小生活在女人堆裡，倆姐姐倆妹妹，上學女老師又多，上班也是女的多。說歸說，讀歸讀，我讀得最早最多的書還就是女人的，比如，冰心、羅蘭、席慕蓉、張曉鳳、杏林子。所以讀張愛玲的書我琢磨了很長時間下不了決心。

這是題外話，書歸正轉。讀張的散文很容易體會到她的細膩與溫柔，也很自然地能瞭解到她的趣味與生活態度。這些都不重要，因為我不會專門研究一個作家，也不會對她的文章評頭論足，因為不配。只是想說說看了之後的感覺，也可以說是感受。

張的散文寫她最熟悉的生活，比如，談京戲、談服裝、談畫畫、談寫作等，書中還包括一些她的讀書筆記和小說自序等。她的語言是獨特的，喜歡讀她小說的人，看幾句就知道出自她的筆下。作為女人，她對京戲、服裝、畫畫都很有研究，所以寫得既有幽默感也有價值感。對於現代人來說，那個時代彷彿已經遙遠，但讀她的文一下子就能拉近距離，還有她對小市民和城市現象的描寫那真叫絕。比如寫電車「克林，克賴，克林，克賴」地走，我還是在老電影中見到過，她這麼一寫已不光是形象生動了，簡直是讓人難忘。

她的散文還有另一個特點，就是非常重視小情趣小興致，那些小事幾乎成了生活的樂趣所在。從另一角度可以看出她的生活很單調，大概這是作家的共性，從七歲就開始寫作的她，對家務事幾乎是一竅不通，所以她把買豆腐乾看得那麼重要也不足為奇。事實上，人的一生哪有那麼多重要事呢？不注重小興趣的人是難得開懷的。

只有從散文中才能找到真實的她，生活中她總是逃避著人們的詢問與好奇，但散文讓她完全暴露在人們面前。她很早就成名了，就像她寫的《傳奇》一樣，其實也不奇怪，人怕出名，但名聲始終沒有給她一個幸福的人生。也許她「不幸」的一生從成名開始。張愛玲的童年是不快樂的，父母離婚，父親一度又揚言要殺死她，而她逃出父親的家去母親那裡，母親不久又去了英國，她本來考上了倫敦大學，卻因為遇上了太平洋戰爭，只能去讀香港大學，要畢業了，香港又淪陷，只能回到上海來。她與胡蘭成的婚姻也是一個大不幸。本來在文壇成名是件好事，可是日本投降後，她與胡都掛上了漢奸的罪名，只好遠走他鄉。雖然過早地被認為「天才」、「神童」，她也沒辜負這個稱號，但是可惜無論從哪一方面說她都是不幸的。

其實，她的散文是低調的，她的世界也是這樣，從始至終，所見所感所聞好像是自己的幽怨。她也談到自己的名字問題，雖然名字俗不可耐，但她還是不願意改，因為她想隨時提醒自己是千萬人中的一個俗人。她在洛杉磯死去的時候，竟然無人知曉，那是一九九五年中秋節，按中國人的習慣，她那個時間死去，就意味著命苦。

以淒涼為調，命運與性情相通；以苦痛為根，詮釋與希望相連。她把所有的心力都用在小說中，只是為了構想一個淒美的世界，那只不過是一個瑰麗的夢，而散文顯露出一個真實而無助的弱女子。

## 隱形的力量

讀李商隱的詩很傷感，這是他的懷才不遇、他的寥落造成的。相比之下，宋代的柳永更顯多情，一生以青樓為伴。而李商隱的詩，大多也描寫感情的波折，有離別，有惋惜，也有思念。但他終究是一個以感情為依託，放不下功名，夢想富貴之人。

他的想法是人之常情。人心不古，有追求就有痛苦，多情就會傷心，李商隱是浪漫之人，他的浪漫在內心，他的詩是那麼精緻，他的感情是那麼細膩，讀他的詩沒有人不被他的才氣所折服，但知道他經歷的人都會為他的遭遇而惋惜。

「錦瑟無端五十弦，一弦一柱思華年。莊生曉夢迷蝴蝶，望帝春心托杜鵑。滄海月明珠有淚，藍田日暖玉生煙。此情可待成追憶，只是當時已惘然。」《錦瑟》這首詩是他一生的寫照，無論志向多麼高遠，頂不住命運的捉弄，無論感情是多麼的真摯，擋不住它像春水一般東流不還，疼痛的感覺亦相隨。人們最熟悉的詩是《無題》「相見時難別亦難，東風無力百花殘。春蠶到死絲方盡，蠟炬成灰淚始乾。曉鏡但愁雲鬢改，夜吟應覺月光寒。蓬山此去無多路，青鳥殷勤為探看」。這首詩遠不如《錦瑟》的意境深遠，當然這也不是純粹的感情述說。他是借情來轉化自己內心的苦澀，就把所有的功名，所有的感情都交付給淚水吧，就像蠟燭一樣，流淚到終了。這是怎樣的自戀自憐自歎呢？這當然會引起許多人內心的共鳴，因為有似曾相識的經歷，就讓一切都成灰吧，唯有「滄海明月」它才是我的知情人、知心人，也唯有它才能代表著我，述說著我這一生的心願與不滅的愛戀。你看它，潔白如玉，彎曲如眉，幽靜如述，默默地伴人們來來去去，大情無端，大愛無邊，大美不言。這也許是古人愛月的原因吧。

他一生不到五十歲，而他的才華顯露出來的光芒卻是那麼的哀婉動人，迷人也刺人。「春心莫共花爭發，一寸相思一寸灰。」、「壺中若是有天地，又向壺中傷別離。」、「芳心向春盡，所得是沾衣。」無論是悼亡、懷舊、相思，還是牢騷、自戀、歎息，他的那種心緒總能抓住讀者的神經，像一種隱形的傷痛立即傳遍全身。

讀李商隱的情詩有一種無奈感，讀他的記事詩有一種痛恨感。不過，無論哪一種感受，在心中應該形成一種力量，一種向上的力量，一種生命不息奮鬥不止的力量，這不僅僅是與環境爭取，與社會爭取，更主要的是與自身爭取，爭取在有生之年，把太多的遺憾、太多的不公、太多的留戀，縮小到最低程度，這樣的一生可能被淚水浸泡，但少了點幻想，多了些實幹。

李商隱是幻想多於實踐的人，但他能留給人們幻想也是一種精神所在，說實在的，我不喜歡他那樣的纖細與脆弱、那樣的多情與纏綿，因為那樣的力量很有限，我更願意樂觀一些、長遠一些、寬容一些。這些都是別人無法與之爭取的東西，都是一些強大內心的活動，是一個人隱形的力量所在，而憂怨則是一個人自損自折的開始。

# 留下心曲

我的生命是從小山溝起步的。看慣了山崖，聽熟了鳥語，還有那多情的山風總是相隨。

許多年後，我流出了大山，我以我的靈性、我的信念、我的風格生活著，我知道，我只能是小溪的一部分，跟隨著長長的溪水，一路奔波而來。

說奔波也有閒適，歲月的河岸長新不老。那些雲霧包裹著的山谷，那些孤獨的懸崖，那些陡峭的坡嶺，那些寂寥的平原，都被它披上了綺麗的色彩。

我只管流動——是心與身的流動，也是忍與柔的流動；是力與美的流動，也是孕育與拚搏的流動；是滿懷熱情與不屈信念的流動，也是淨化環境與驅除腐蝕的流動。

也許，人人都是這樣，因為流動，才使生命的內涵增加，因為流動，才顯示出各種各樣的生活方式。

我所能相信的就是這樣，如果說生命是一場永無止境的傳遞，那麼熱情就是不倦的浪花。你看，那每一個清晨的陽光，還有那四季的風，是它們在我的眼前旋轉、升騰，不由得讓我憧憬與嚮往。別以為踏著歲月磨壓的河岸，就樂於接受大地的洗禮，其實失望、怯懦，還有迷惘，都無法困擾一顆流動的心，因為這世界永遠給人傳遞著希望。

有多少風聲雨聲，就有多少召喚與夢想；有多少冷霜寒雪，就有多少珍愛與審視；有多少干擾與紛繁，就有多少聆聽與安詳。不是生命癡心不改，而是有一個古老的宿願，扎根在每一個人的心中。

我常常想起那條母親河，它渾濁且凝重，深情地蜿蜒在大地上，像一曲帶血的戀歌。而我只是小溪的一部分。我相信，是水，都有相同的歸宿：白日屬於陽光，夜晚屬於大地。不管是哪一條歸途，塵世的日日夜夜都有我的歌，我的歌並不只是單純地想歸於河或歸入湖，而是想一面不停地洗淘著愚昧的泥沙，一面體驗生命的灑脫與美麗。也許是夢，是夢總有做下去的理由，如果你是一溪水，生活的厭倦何在？

行走在大地上，帶著山花般的爛漫，也帶著稻穀的清香，帶著秋色的悲情，也帶著冰封的啟示，浸漫在時序的更替中，無怨無悔。流經外，我還會把心曲留下。

## 心靈的天空

時光流逝，許許多多的往事都會漸漸淡化，然而在心靈的天空中，總有一輪紅日照耀著我們，那就是母愛。還有一輪明月是妻子的親情，接著就是灑落在生命進程中的那些星星點點的愛了。

時間可以讓人丟失一切，可是親情割不斷，特別是母愛，儘管母親已離我而去多年，但她的愛永遠留在我的靈魂深處，像一輪紅日，照著我的孤獨，也照著我的寂寞，在她的光輝下我是沒有陰影的人。

生命之溪日夜奔流不息，這些年才感覺到家庭的厚重，我和妻子就像日夜在築堤建壩，為有個穩固的家，為有個溫暖的家，為有個充滿希望的家而忙忙碌碌，我們倆說不上有天荒地老般的愛情，但相互充滿著敬意；說不上有堅定不移的忠心，但相互間彼此能相互掛念著對方；說不上是相濡以沫，但在生活中可以說是相映成趣的兩個人。如果說人世間有真愛，我不敢一比，就比成沙漠裡的清泉，就比成冬日裡的暖陽，可是這哪裡能形容真愛呢？真愛是用生命維護的，而我和妻子可能都不會用生命保護對方，但是我相信我們之間有愛情，說不清我們的愛情是什麼？我常常想，它有可能是黑夜裡升起的一輪明月，陪著我夜夜都有甜美的夢。

人一生，有過多少次愛或被愛，細想來好像能說清，又好像說不清。比如說，我七八歲的時候，在大街上看見過一個特別漂亮的小女孩，當時我只看了幾眼，也不敢仔細看人家。從那以後，心裡就想著，將來長大了，一定要找一個像她那樣漂亮的女孩做我的老婆。可是後來我的「樣品」丟了，我甚至想不起那小女孩子的模樣，更不用說當「樣品」了。後來長大了，戀愛過幾次，也失戀過幾次，最值得一提的是，村裡居然有暗戀我的女孩子，而且她比較膽大，我沒結婚時，也不知是她家人的意思還是她的意思，竟幾次三番託人向我父母提親，為此父親和母親都問過我，還讓我好好考慮一下，而我當時正值意氣風發，所以回絕得很堅定，也不知是否傷了她的心。

一個人不管愛過幾次，如果有人與你相愛過，那愛就會化成點點星辰，不是在你孤獨寂寞之時突然閃耀起來，就是在你失意落魄之時覺得無比珍貴，它們總是閃著光在你的靈魂中遊動著，明暗之間，你會覺得近乎枯萎的心靈有所滋潤。

紅塵中，愛是照亮人心靈的唯一亮光。不管你是終日與書卷、陽光為伴，還是與朋友、錢財、名聲為伍，你總是小心地保護著深藏在內心中的那些愛或被愛。它們是我們心靈天空的日月星辰，它們讓我們的生命有了春天，它們穿透死亡的陰霾讓我們握一把希望在手中。

外國有句諺語說：心靈不在它生活的地方，但在它所愛的地方。就是這樣的愛，有時有故鄉的味道，有時有玫瑰的香濃，有時有蘭花的芳澤。不管怎麼說，在心靈的天空中，時間會使愛增輝，在生命的長河中，讓人割捨不去的，就是愛。而那些心如死灰的人，其實是把愛遺失殆盡的人。

# 且生活

人生並不孤獨，只是我們一想到那個無奈的約定就充滿憂傷，可以說每個人的憂傷都是那麼深刻，就像一朵花知道自己會凋零一樣。無論我們的愛情多麼甜美，無論我們的歡笑多麼燦爛，無論我們的理想多麼美好，無論我們的美麗讓多少人羨慕，時光的約定都會像傷感的繞梁之音一樣，喚醒我們對幸福的純粹體驗。

# 遺憾像花一樣

總覺得時間過得很快，秋天彷彿突然間就到了。

回想起這一年的所作所為，猛然覺得在春天裡滿懷的希望，如今都變成了遺憾，而且正在像花一樣凋謝。

還曾記得，年初的時候，我想應該是有所收穫的一年，因為我從沒有停止勞作，得過且過，至於收穫什麼我說不清楚。想法總是美好的，預計著今年要讀一些好書，可是直到現在也沒找到一本如意的。本來打算要寫一些像樣兒的東西，可是寫了許多也覺得沒有什麼分量。人真的不能一心兩用，比如說今年，孩子考試，對我的影響很大，考前為孩子學習而著急，考後又為她的以後憂慮，我知道無論是怎樣地坐臥不安也不會起多大作用。

當然關於我的遺憾，說是因為孩子的事，應該說是一種藉口，關鍵是我沒有用心做自己想做的事，要想做擠一擠時間還是有的，問題是無法穩定心情，我常常是在疑惑中等待，也說不清是在等什麼，只是覺得我應該等待，等待孩子明白應該努力學習的道理，也等待自己有個好心情，等待著有一天我能遇到一本好書，靜下心來細細地研讀。

一年又一年，在以前我只是覺得時間過得太快，我幾乎是來不及珍惜，也不知道怎樣珍惜，而就在孩子要升高中的時候，我突然對時間產生了恐懼感，可能是因為心中有許多覺得十分遺憾的事，比如說，國中時怎就沒好好要求孩子的學習，還有為什麼不為她選一個更好的學校呢？可是這些事都過去了，都像花一樣枯萎了。

我知道不應該活在過去，也不能總活在遺憾中，可是我覺得自己在這一年也做了許多倍感遺憾的事。比如說，我並沒有努力學習，也並沒有搞好自己的副業，只是在隨波逐流、得過且過。我埋怨自己，卻只是在埋怨，卻總能放下今天，等待明天，然後感傷。

秋天悄悄地到來，這是收穫的季節，可是我沒有做一件讓自己滿意的事，於是心中煩悶。我有時想，明年的秋天我是否會有這樣的遺憾？我是否會平心靜氣地坐下來為自己的遺憾而遺憾？是的，人生不如意的事很多，可是不能讓希望總開成遺憾之花吧。

愛一個人，會以愛為榮；做一件事，會以做事為榮。然後無論是愛人，還是做事，在沒有結果之時，總會帶著遺憾。有遺憾或多或少心中就會有屈辱感，比如說，我家裡的牡丹花，也不知怎麼回事，還未開就謝了，每當遇到這種情況時，心中就有些怨氣，認真培育了好長時間，怎就會這樣呢？

一天有一天的缺憾，一年有一年的缺憾，不管有多少遺憾，我還得帶著希望帶著夢想去生活，我相信，儘管希望之花有過早枯萎的，也總會有盛開的。我所要做的，不僅僅是為那一剎那的燦爛，重要的是，那一刻才是生命的原色。

# 期待

以前，我參加任何宴會都穿著隨便，突然有一次，覺得應該打扮一番再去，因為這個宴會我等待了許多天。也不是見什麼重要人物，只是好朋友的一次普通聚會，朋友們有些日子不見了，我居然有一種迫切想重溫友情、品味美食的願望。於是開始期待，期待那一天的到來，並且把準備聊天的內容都打了腹稿。

聚會並不隆重，但看得出大家都很在意，在意就好，摻入情感的飯很香，飽含熱情的相聚讓人依依不捨。別後好幾天了，我居然總是懷念起等待聚會前的心情，那是一種怎樣的心情呢？

也許吃什麼不重要，相聚才重要；也許相聚也不重要，重要的是期待；也許期待也不重要，重要的是人有了期待，生活就有了活力。

「過幾天請你吃飯。」有朋友這樣說的時候，我會高興，不管請不請總是有所期待。

「幾月幾日我請你去看大片。」當朋友這樣對我說的時候，我以為開玩笑，之後他又打電話約我說第二天時間的時候，我瞬間有了期待，於是煞有其事地等待起來，好像有

## 期待

什麼大事好事要發生了，雖然我想過，來而不往非禮也，但過後再給朋友一個期待，怎能說不是一件愉快之事呢？

事實上，生活中各個層面，各種事情都少不了期待，比如說，大街上的美女們肯定在期待感情有令人豔羨的花火；公司裡的上司們都期待著再高升一階；忙忙碌碌的同事們都期待著漲薪水；學生們期待著有個好成績；貪吃的人期待品嘗一頓美味佳餚；好玩的人期待著下一次能旗開得勝；常逛街的人期待著發現物美價廉的東西等等。對了，還有我，期待著明天有個好心情。

種種期待伴隨著我們的生活，期待讓我們輕鬆也讓我們緊張，讓我們激動也讓我們急躁，但不管怎樣，有一種熱切的盼望就有一種幸福的準備，有一份甜蜜的等待就有一份難以言表的欣然。

有期待就會有計畫，就會有盼頭，普普通通的生活就有了重點，有了希望，有了熱情，也有了樂趣所在。

人人心中都在期待。只不過，有的人宏遠，有的人短暫，有的人周詳，有的人簡單。比如說，到菜市場買菜有期待，下班回家也有期待。孤獨寂寞時有期待，高朋滿座時也有期待。

是期待引導著我們的生活，有時候，一連串的期望組成了一個期待。有時候，一個期待為的是一連串的期待。

從一個房間走到另一個房間，從黑夜睡到天明，從春到夏，從童年走到老年，一路上誰不是鋪滿了期待呢？是一個又一個的期待組成了我們的人生，就讓我們做一個期待者吧，一個個小而不言的期待其實很重要。

## 時光的約定

這個世界上所有的東西，都與時間有個約定，讓你看上去擁有，實際上卻抓不住。因為是所有的東西，但有人想例外，可惜沒有例外。愛情、幸福、生命都是如此。生命從誕生的那一刻起，就受到了某種限制。有時候，我們會覺得生存在一個固定了的生活模式中，有時候我們又覺得可以把這個模式打破，可是無論我們怎麼努力，生命還是會按照「國際慣例」，在好像沒有規定其實是已經規定好了的軌跡中運行。

這是個特別無奈的約定，但我們無法抱怨所受到的限制，我們只能是在限度之內，把生活盡量打理得更好一些。

人所受的限制也不相同，但可以肯定人一輩子必須生活在大限制的若干小限制中。有人一出生就受到身體缺陷的限制，有的人生活在地區的限制中，有的人生活在宗教信仰的限制，有的人生活在種族規則的限制中。

生活在限制中習慣了，就好像沒有限制，事實上我們只能在力所能及的範圍內，努力實現我們的生活目標，努力完成我們的理想，也就是說，我們是在有限的空間中、有限的時間內，描繪各自的生活。

有時候，我們想起這種限制，就會產生無限的惆悵，所以時間對我們的限制，應該是我們傷感的根源。

人生並不孤獨，只是我們一想到那個無奈的約定就充滿憂傷，可以說每個人的憂傷都是那麼深刻，就像一朵花知道自己會凋零一樣。無論我們的愛情多麼甜美，無論我們的歡笑多麼燦爛，無論我們的理想多麼美好，無論我們的美麗讓多少人羨慕，時光的約定都會像傷感的繞梁之音一樣，喚醒我們對幸福的純粹體驗。

但我們都像是善於忘記約定的人，嚮往自由，也勤奮勞作，歌頌高尚，也抗拒挫折。我們多麼嚮往這個世界的每一個角落，都是單純、可愛、快樂的地方，但讓我們在有限之中做得更好一些，也許是我們生活的全部意義。

時光的約定，想起來是恐懼的，所以我們不願意多想，甚至我們十分痛恨這個約定。其實這個約定是十分必要的，因為沒有了生命的提醒的世界，是難以想像的，有可能變成這樣一個世界：人們不再向時光爭取什麼，時光變得可有可無。

我們知道生命不是一個永無盡止的歷程，我們只受時光的奴役，而時光是公正的、民主的，所以我們毫無怨言地生活著。

我們可以悲觀，也可以樂觀，但如果我們認真思考一下，是交給人來限制我們，還是交給時光？怕沒有誰敢選擇前者。相比之下，我們生存在公平之中，沒有必要悲天憫人，所以樂觀一些吧，這個世界其實就是天堂。

## 什麼是寂寞

朋友曾問我，什麼是寂寞？我當時沒有回答，是因為覺得不好回答，還因為我當時並不寂寞，把寂寞當玩笑了。

當朋友不在的時候，我一個人站在窗邊，突然覺得很寂寞。想說清它，卻不知從何說起。

就從我當時的想法來說吧。

四十多歲了，心中有很多遺憾，還有很多願望，可是我知道遺憾成了永遠，願望也可能只是願望，所以很寂寞。

大街上，摩登女子飄然而過，我突然很羨慕人家。「真漂亮啊」，說完之後，心裡竟然有些失落感，想一想這一生遇到過很多美人，不是擦肩而過，就是成了過眼雲煙。美總是這樣匆匆來去，看到的，沒看到的有很多很多，擁有的或得到的，幾乎等於零。

車來來往往，高樓長得比雨後春筍還快。想買輛車，又怕養起來費事，想買間房，又覺得太貴了。是啊，當年覺得有輛自行車就不錯了，可是現在覺得騎自行車太土了，當年覺得有間套房多好啊，後來有了也沒高興幾天，就覺得應該換個大一點的。我知道欲望層出不窮，可是我無法忍受「知足常樂」，想到此突然覺得煩躁起來。

天天看書，讀書買書竟然成癮，後來才發現多半的書沒有好好讀過，看著越來越多的書，我常常想是書在讀我，或者說是在笑話我，抑或是在冷漠我了，縱然有千般精神也讀不完，縱然讀完了又有多少收穫呢？感慨中沒有了方向，我知道是寂寞光臨了。

天天寫作，也不知道想幹什麼。看時事發牢騷，想人情悵然若失，編個故事吧，又覺得只能騙自己，就寫一點感悟吧，又像是在自言自語。是啊，不自言自語，就得寂寞，這好像是件無可奈何的事。

天天上班，可以去幾個好朋友那裡，聊聊天，談談心，可是經常有一個朋友也找不到的時候，剩下我一人，不知道該幹什麼的時候，我只好把自己交給寂寞。

曾經想，如果有一天發財了就到世界各地轉一轉、看一看，聽說外面的世界很美。真有那麼一次，我去了一個嚮往已久的地方，果然很好，好幾年過去了，我每每想起就覺得什麼時候再去一趟呢?可是去一趟怎能了卻我的心願呢?就住在那裡吧。住在那裡怎麼行呢?還有很多好地方比這兒更好呢?於是我就想,人要是能多活若干年,或者說有分身術多好啊,可是這是比幻想還荒誕的幻想啊,於是又寂寞起來。

寂寞是什麼?我又想起朋友的這個問題。大概是另一個「我」吧。那是一個想要的多,得到的少的「我」;也是一個既好奇,又無奈的「我」;是一個總在希望和憂患中的「我」,也是一個善於遐想也常常幻滅的「我」。

## 一群安靜的人

我住的社區有一條主街道,一條副街道。主街道上車來車往,而那條副街因前後不通車所以車輛很少,只有在傍晚的時候停滿各種轎車,但車子並不是這裡的主角,老人們才是。

每當夏天,總有許多的老年人,來到這裡,坐在路邊,有的聊天,有的則只是靜靜地坐著,有說有笑的往往是老年婦女們,而默默地坐在那裡的則是男人們,男女之間保持著一定的距離,差不多有五十公尺。都是在草地邊的柳樹下,男的在北面,女的在南邊。

## 一群安靜的人

因為天熱，我有時傍晚的時候也到北邊的人堆裡坐坐，可是根本與老人們無話可說。有年輕人在的時候，他們似乎也沒什麼可聊的，只是靜靜地坐著，偶爾也有人提起一個話題，一般是有人隨聲附和幾句就再次沉默下來，沉默也不是長久的事，每過一陣子總有人說起事來，有兒女們的事，也有國家大事，最有意思的是不管提到什麼事，總有人冷不防冒出一兩句人生哲理來，讓你頓時覺得這裡面有高人。其實我早就知道，這群人大多是退休主管，都是有文化的人，當然也有幾個退休老工人。

我最想聽到的就是老主管們偶爾說出的富有哲理的話，可是這些人好像腦子裡有很多東西，不想對人說，他們寧願埋在心裡，爛在肚裡。又好像只可自己意會，不讓別人澈底明白。特別是那幾個曾經當過公務員高層的人，總是坐在那裡昂首挺胸看著、想著、聽著，讓人有一種神祕之感。

我所瞭解的這些人，許多人的兒女在外地，還有好幾個在國外，他們也相互詢問兒女的事，都是非常簡單的回答，他們好像並不關心兒女們的事，就如同兒女們不太關心他們的生活一樣。

還有幾個人特殊的人，兒女也不在身邊，他們的話也特別少，我想這幾個人也是孤獨的，他們的孤獨與眾不同，應該是真正的孤獨，坐在人群中他們看上去還是那麼孤獨，心裡想的東西好像和大家聊的相差十萬八千里。也難怪，因為心裡有事，我曾聽到過他們中間有個人唉聲嘆氣地說起女兒的事，說是女兒買了房，他們老兩口、親家老兩口還有女兒和女婿三家人一起還貸款一百四十萬的事，每月他們的薪水如數上交還貸，而他倆口子生活費的來源居然靠老伴撿破爛。還有一個說起兒子汽車肇事後，他幫忙賠償的事，總而言之，人老了還是離不了那本家家難念的經。

這些老人們都是夜貓子，常常是夜裡十一點到二點間，還有人在那裡坐著，而且這時候都打開了話匣子，我半夜醒來時，常常聽見他們說話的聲音，只是聽不清具體說什麼。我想，應該是白天裡他們覺得年輕人混在他們中間，不願多說吧。

我總覺得，無論他們怎麼說都是孤獨的，一方面畢竟與他們有共同語言的人越來越少，另一方面少了兒女的陪伴也沒有多少精力做些有趣的事，他們是不得不享受孤獨。

現代家庭兒女少，像他們這樣孤獨的人會越來越多，其實孤獨也沒有什麼不好，在這人心浮躁的社會，孤獨也是一種解脫。

## 總是閒情

連續兩個月了，一直在寫一部長篇，累，並享受著。

說實在的，我以前並沒有像這次一樣認真寫過，成天像丟了魂似的，想像故事，延續故事，描寫人物，刻畫人物。

每天睡的時候，如果還想像，那麼肯定睡不著，有一次居然想了一整夜，上班後才覺得特別累，而且身體也很難受。後來我不敢這樣了，只要躺下就堅絕不想任何東西。

事實上，我所想像的，我所做的，只是一種愛好、一種情趣，並不指望什麼，但我覺得很重要，因為這是我生活的一部分。

我不知道，我的同事們在做什麼，我只知道，我在傻乎乎地寫小說。有時，我會問自己，寫再多有用嗎？什麼是有用？什麼是沒有用呢？人生許多事，不是看上去有用，其實是沒用的事嗎？

成人做事與小孩子做事往往是以有沒有用來區別，同樣是在尋找興趣，同樣是在玩耍，小孩子的事會被原諒，成人做的事卻會被鄙視。在這一點上，我覺得我寫小說，像是在玩遊戲，像小孩子過家家的遊戲，當時覺得很有趣，可是冷靜下來，就有一種悵然若失的感慨。

我失去了什麼，當然是時間，可是我會問自己，不這樣做，又能做什麼？看電視，看書，打麻將，玩遊戲嗎？似乎我的生活僅此而已。

今年的春天來得有些犀利，說冷一下子，說熱也是一下子，沒說有風，居然風很大。所以即使休息日，我也很少外出。

# 且生活

新聞總是不斷地講述著各地受災受難的事情，讓我這個無所作為的人，同情之後還是同情。這個世界上，總是有人處在極度的痛苦中，同樣有人正享受著極度的幸福；有人總是在不冷不熱中得過且過，有人總是在苦與痛的忍受中被動地生活著。

聽風聽雨，感受頭腦風暴。我知道，在很久很久以前，有人像我這樣，傻子似的，讀書寫字，總以為書後面不是藏著功名和利益，就是蘊含著人生的某種道理、某種意義、某種生命的真相，所以他不停地探測著。我知道，很久很久以後，還會有人像我這樣，讀書寫字，想為生命找一個出口或一條出路，找一片光明或一種清醒。

但願生命永遠是一個無解的謎，就如我寫下的許多故事就是許多廢話，許多想法就是許多文字垃圾一樣。可是人總要製造垃圾的，不是生活垃圾就是精神垃圾。

但願永遠生活在糊里糊塗中，這樣不用忘記也不用擔憂，不用同情也不用悲傷，不用比較也不用嫉妒，痛苦到來的時候就感受，遭遇幸福的時候就享受。不痛不癢的時候，可以難受也可以享受，那就得看心態，看心境。

其實所謂的心態或心境，只不過是說內心的大自然狀態。凡是大自然有的現象，人的內心中必然有，並且大自然裡沒有的現象，人的內心中也有。就像我想像生活場景一樣，把沒有的事說成了有，把沒有的感情說得那麼深那麼濃，無非是一種嚮往，一種假設罷了。

有時想，每天能看到陽光就是幸福了；有時想，沒有病就是幸福了；有時想，長壽一些可能幸福；有時想，有錢一些可能幸福。可是實在的幸福，永遠會被理想中的幸福打敗，最終打敗的是理想創始人。

我相信，人一出生，悲劇就誕生了。而我也相信，悲劇是他人的喜劇。總是在前人的愴然中，體會自我的茫然不知所措；總是在古人的淚痕中，尋找生活的依據；總是在他人的幸福中，看見自己的孤獨，總是在自己的作品中，指責他人的寂寞。

總是太多也沒有用，而我還是想用文字總結自己的閒情。

## 來得及發現的道理

假如一個人能自然而然地安於過樸素簡單的生活，那麼在貧困的日子裡，他的壓力就會輕得多。

你根本想不到的東西，突然擁有，不要太高興，失去了也不要太難過。世間有些東西值得我們下工夫去追求，有些東西卻根本用不著花太多的心思，比如，好心情。

許多痛苦是徒然的，儘管我們知道，但有時候還是不願改變，不是無法改變，而是不想改變。直到有一天，我們老了，才覺得那些痛苦也是美好的，可是在當時真的美好嗎？

人生有時想想，覺得真無趣。覺得無趣的時候，往往是我們沒有寄託，也沒有目標，更沒有理想的時候。一個人如果擁有這三樣東西，縱然世事紛亂，他也不會迷失方向，就像我們不害怕黑夜一樣，無論夜多麼長，我們知道白天總會到來。

人人心中都有許多願望，其中一些只能自己偷偷地想，不敢大聲說出來。這樣的願望你覺得是美好的，但當你實踐之後，才知道其實是不切實際的。

我們總是對明星、名人有極苛刻的要求，其實他們也是人，只不過是被社會厚待的人。社會從來不會無故厚待任何人，除非你拿出能力向社會證明社會值得厚待你。可是如果常發牢騷，則只能證明自己對自己也不滿意，那麼還能讓別人滿意嗎？

遭受感情挫折，一些人越挫越勇，一些人則因此而對世事淡漠，感情上變得麻木不仁起來。的確，麻木可以減少對痛苦的感受，但同樣也減少了對快樂的感受。總之，一個人無論在哪一方面，失去了應有的做人熱情，他就不會快樂。

## 屬於自己的孤獨

有些東西，它僅僅屬於每個人自己，比如孤獨。

它不能索取，它不能給予，唯有你一個人享受，不管你願不願意，不管你是貧窮還是富有，也不管你是從事何種職業，在你一生中，必然會不間斷地擁有這種孤獨。

毫無疑問，前面說過，這種孤獨不能分享。比如你一個人的時候，比如你身處鬧市的時候，比如你在熟悉的人群中。孤獨都有可能會不管不顧地到來。有時你孤獨是你覺得必須獨自面對人生的風風雨雨；有時你覺得儘管四周是人來人往，可是你卻像身處荒漠；有時你覺得處於熟悉的人群中，不管怎樣熟悉總有點陌生感，你不知道這種感覺是怎麼來的，可是你很清楚地意識到沒有人對你真好，也沒有人讓你感到永遠溫暖，像一種厄運，你不知道如何拯救自己。世界上最親的人是母親，世界上最好的愛是母愛。當我失去母親的時候，就有這種感覺。

愛因斯坦（Albert Einstein）說過「人與人的瞭解都是有限度的」。縱然你有一千個朋友也覺得太少，所以有人說「人生得一知己足也」。有些朋友即使與你共事多年，你們也可能到了無話不說的地步，然而當你陷入那種孤寂時，你突然覺得沒有人可以傾聽你的淒涼之感。你知道，即便是說出來，也不能分享，所以這種孤獨總是帶著無奈與失望的。這種時候，你可以原諒任何人，因為你知道這份孤獨僅僅屬於自己，你彷彿懂得別人也可能擁有他的那份孤獨。

有位朋友生活得很愜意，這是我的看法，是不是真的愜意我就不知道了，反正他現在妻子對他很好，情人對他也窮追不捨，他妻子呢，可能知道這事，也可能不知道，在我的感覺中大概是妻子比他大幾歲，或者說太愛他了，所以一般不過問他的私事，任他自由，這樣的妻子很少見，對於有情人的男人來說可能是求之不得的事。但他總覺得孤獨，十分的孤獨，不只一次地向我述說他的孤獨，他甚至不知道因為什麼，其實我也不知道。有一次，我對他開玩笑說：「你每天有情人擁抱，有妻子呵護，該知足了。」可是他卻說，活著真是一件麻煩事，挺沒意思的，什麼都沒意思。也許他與情人幽會，只限於當時那段時間，之後更落寞。漸漸我明白了，他與情人擁抱時，可能是在相互擁抱各自的孤獨，他們倆拚命地愛著對方，一方面激情湧動，一方面寂寞不斷，因為總得離開。原以為有了愛就給彼此的心靈點亮了一盞燈，哪知道，心靈的孤寂是一個人的事，男女之愛只能是讓他們暫時忘卻，他們像在做一種運動，一種想擺脫孤獨的運動，可是越想逃離，越是在靠近。人常說，有愛就有了寂寞，其實有一種寂寞它就住在心中，從來沒有離開過。

也許就是這樣的，孤獨與生命同在，時時刻刻，我們討厭它的存在，更恐懼它的深不可測。它似乎是來無蹤去無影，又似乎總想來左右我們。孤獨的時候，我們就覺得空虛，到底什麼是充實呢？有事可做的時候就充實些，因為我們忙於做事，把「孤獨」給忘記了，我們不去想起它，我們也不願意擁有它，於是我們不停地找事做，做一些認為自己愛好的事，還勉強地把一些拿手的事說成興趣。

古時有「獨釣寒江雪」的事，現在大概也有吧，心平氣和地去「獨釣」，是因為我們可以在心裡想著「魚」，不管天多麼冷，雪多麼厚，我們心中有個期盼，手頭有點事做，就是在打發「孤獨」了。於是我們不斷地去希望，不斷地去發現。我常常想，可能因為人天生就是孤獨的，所以大自然給我們的心靈注入了永無休止的欲望，讓我們不停地去索取，如果停下來就會受到懲罰。

## 悲觀的作用

天氣有陰有晴，人的情緒也會時好時壞，天氣是自然現象，而人的情緒變化大多數時候與心態有關。

心態即心情狀態，就是對人、對己、對事物的態度。它可以控制我們的心腦和行動，也決定我們的人生態度，決定我們的生活品質。

富蘭克林講過這樣的事：一個人有一條腿非常好看，另一條卻因為意外變得畸形，在與他交往的人中，只有一個人欣賞他的美腿，大多數人卻總是談起他的醜腿。這個人以此來暗中觀察判斷與他交往的人，哪位是樂觀的，哪位是悲觀的？他與樂觀的人進行大量的業務往來，與悲觀的人漸漸疏遠。實踐證明，與樂觀的人交往，使他的業績突飛猛進，公司越做越大。當然其中也不乏初次見面讚美他美腿的人，但交往的次數多了就會發現，有的人只是假樂觀。

事實上，樂觀的人無論談話還是做事，常常往好的方面想。而悲觀的人所想所談大多是陰暗的一面，他們在人前裝快樂，人後常常是怏怏不樂。悲觀並非天性，而是習慣於往壞方面想，使人形成這種惡習。比如說，生活中有些人沾沾自喜，苛責別人的缺點，以此為樂，實際上這種人或多或少有些心理不健康，有的甚至接近悲觀，這無關品德。

悲觀對人的一生造成多少不良影響？怕是無法估計，但可以肯定，這樣的人一生大多數時間生活在悲哀與不幸之中。人生的冷暖取決於心態，在悲觀的作用下，一個人總是在給心情降溫，他就會變得毫無生氣。

如果說一個人虛度年華是錯誤的，那麼悲觀者就是在苦度年華，他們是在自我懲罰、自我折磨。這樣算不上是一種犯罪，但可以肯定，在他們心目中，生命的意義和內涵大部分被「痛苦」占據。一個人如果每天在憂患和危機中度過，是否對得起他所擁有的日子呢？

退一步說，悲觀意識往往是在「不知足」而「求不得」中形成的。曾經的積極樂觀被一次次挫敗之後，就會消極起來。什麼叫知足呢？就是知道珍惜和感謝已經擁有的。「不知足」沒有錯，但應該先懂得知足才行。其實，大多數時候，消極來自於追逐安逸和貪圖享受之時的挫敗感。

因為不能更好地享受，而看淡生活，漠視生命，這就是一種絕望。人常說「哀莫大於心死」，心先冷了，生命怎能不過早地凋謝呢？這是悲觀的唯一作用。

其實，悲觀只是一種處世態度，一種心理行為。如果一個人不願意矯正這種惡習，不肯「知足」，總是怨天尤人，那麼就讓他自尋煩惱好了。值得注意的是，我們要盡量遠離這種人，多接近那些以陽光般心態待人待己的人，當然我們也應該成為樂觀的人，用心靈與他人相互照亮。生命短暫，何不擁有多一些陽光和溫暖的時刻呢？

## 隨風隨霧

隨著年齡增加，突然覺得做什麼事都不用那麼急，也許是我沒有遇到棘手的事，反正覺得身邊的事，不用那麼急，急也沒用。

這種心態是因為我把周圍的事看得很輕很淡，淡到什麼程度，我也說不清楚，只是覺得真的沒有必要認真計較，計較你多我少，或你強我弱，多有多的壞處，強有強的理由，少有少的自得，弱有弱的優點。

有一種聰明叫承認自己弱小。小到不能再小的地步，像塵、像霧、像風，風是輕風、霧是薄霧、塵是微塵。古時候金戈鐵馬的帝王，在當時很了不起，後來都化作微塵。幾十年前有影響力的明星，現在人們談起來無非像輕風吹過耳邊。還有那些功臣和名噪一時的財主們，念叨起來也像薄霧一樣輕輕地漫過歷史的山巒。

我知道，自己小得連塵、連霧、連風也不夠格，只能說渴望做塵、做霧、做風了。我總是想，現在的我，其實差不多就是霧、就是塵、就是風。你看，輕輕地走到人群中，沒人知道我是誰，飄過人來人往的大街像不存在一樣，躲在自己的家裡像一粒被整個世界遺忘的塵。

我不怪誰，沒有埋怨，也沒有氣惱，更沒有遺憾。遺憾什麼呢？從前覺得被人羨慕是件好事，後來覺得是一種負擔；從前覺得有錢真好，可以隨心所欲買東西，後來覺得東西多了是份累贅，不如有個適閒的心情；從前覺得有個美麗的女友很好，後來發現這樣做會被人眼紅嫉妒，有些人總是這樣，你想滿足自己，而別人會心裡難受。當你一無是處之後，他覺得這很正常——本來就應該這樣，最好你是老實的百姓，他是比你強那麼一點點的百姓。

還記得，作家賈平凹自稱農民，我不敢這樣自稱，因為我還不如農民，農民會做的事有很多很多，農民們了不起，可以當作家、畫家、資本家等等。我不行，我只是個隨生而生而活的人，像個隨機而成的程式，按照慣例而存在，也必然按照國際慣例而退出介面。

簡單地活著，我想我不得不這樣，因為這個世界上聰明能幹的人太多了。無為和不知羞恥地存在著，也只能這樣，因為這個世界上太多的人為虛榮與欲望而爭奪，而我為虛榮所付出的唯有夢想，為欲望而爭取的唯有食物。

活在渺小之中，有時候也覺得自己很了不起，因為可以偷聽、偷看、偷思，用偷字也許不準確，但很生動，不是有個詞叫苟且偷生嗎？不管外面的世界怎樣變幻，我說故我在。

可惜，沒有人知道，我在想什麼，就像沒有人知道風為什麼跑，霧為什麼要散，塵為什麼要落定一般。也不知為什麼，想得太多會心生淒涼，看得多了會有失望，聽得多了突然覺得這個世界沒有我希望的那樣美好。但我知道，我會留戀，留戀塵的靜寂，留戀風的瀟灑，留戀霧的醉意。

# 心裡有鎖

說實話，我的心裡有好幾把鎖，好多年了，我不願說出來，覺得說出來沒什麼用，充其量只不過是自我安慰。

現在我覺得說出來也無所謂，因為有的鎖已生鏽，永遠也打不開了。比如說愛情之鎖，我常常是不能也不願說出我愛的那個人，即使說出來也沒用，只是有時想想，但想想有什麼用呢？添一臉無奈罷了，人生中遺憾的事很多，我相信最深的遺憾是在愛情中產生的，許多年過去了，我一直保存著那一份愛情的可能，可是隨著歲月的流逝，我知道，一切真的成夢了，成塵了，留在我心裡的鎖，無法打開了，就讓我想起來的時候，摸一摸心鎖吧，紀念我的遺憾，或者傷感。

還有一把鎖是友誼之鎖。從前我有一個特別要好的朋友，可是我們不得不分別，一離開就是十幾年，再也沒見過，可是我的心裡總給他留個位置，總是把身邊的朋友與他相比，我的身邊現在也有幾位好友，可是沒有一個人能與他相比，不是他們不夠友好，也不是他們不夠真心，而是他們之中沒有一個人能像那位遠方的朋友一樣，常給我啟示和動力，讓我無論是在生活中，還是工作中，總放不下學習，放不下進取。身邊的朋友關心我，也在生活上幫助我，可是我需要的是心靈的輔佐，比如說，當我寂寞之時、百無聊賴之時、得過且過之時，他總能說出我應該做的事，指明我應努力的方向，而身邊的朋友們他們不清楚我是個需要時時激勵之人。這麼多年了，我試圖再交往一個這樣的朋友，可再也沒有合適的人了，只是我心中多了一份感慨——那個年代，那種環境中，我怎就那樣發奮呢？因為他在身邊。這把鎖我相信沒有鏽住，只是我現在也無法開啟，我寧願認為這是造化弄人，浮躁中的我，沒有他易獲死寂，有了他生氣勃勃。就是這樣的，這把鎖我也把玩了許多年，也許就是因為我的撫弄，鎖才沒有生鏽，我相信總有一天，鎖會開的，但此鎖非彼鎖，那心目中的友誼也面目全非了，不是嗎？

寫了這麼多年的文章，也有幾百篇見報見刊，可是我總覺得自己不是寫作的料，我知道有一把懷疑自己的鎖在心中。我不懷疑自己是否成功，只是懷疑我那些文章有沒有什麼真正的價值，也懷疑自己能否在有生之年寫出有價值的東西來，所謂價值，就是像藝術大師們那樣，留下啟迪，帶著生活的智慧，包涵著生命的禪意的東西。是的，我有一把懷疑自己的鎖在心裡，總懷疑自己是否有這種智慧，總覺得自己還遠遠沒有達到某種境界，總懷疑自己的淺吟低唱上不了大雅之堂，總懷疑自己只是平凡塵世的一粒塵必然會隨風飄散。散就散吧，可是這麼多年的做作，該不是在玩笑人生吧？無所謂成功，但遺憾很深，人總是自己打敗自己的，因為不自信，總是在前行的路上，在疑慮中走走停停，或者乾脆坐看雲起了。我一直在尋找開鎖的鑰匙，可還是因為懷疑自己的開鎖能力而愁悶，這好像是一種不由人的事，因為你總會遇到不被認可、不被重視的時候，總會有感到力不從心、茫然無助的時刻。

這輩子，怕是只能當一個試圖開鎖的人了，愛情的鎖已無解，友誼的鎖在等待開啟，成功的鎖在屢試屢敗中，沉默是我對這些鎖的態度。其實我很清楚，我帶著濃厚的功利思想，可我總覺得人功利一些沒有錯，因為這是一種很好的動力，有這種思想的人，至少在一定時期內不會對生活厭倦。

鎖住的東西總是很神祕的，也許裡面的東西很簡單，但我不願意這樣想，因為我不想感受日子裡那麼多清閒的風。

# 且生活

科學研究表明，地球平均每兩千七百萬年毀滅一次，周而復始。關於我們這一代什麼時候毀滅，我不知道，但我相信，地球毀滅是有可能的，人類發展到極高的水準之時，由於發展的不平衡，人心的不平衡，即使是沒有天災，也會人為地毀滅，這大概是人性惡的必然結果吧。

地球毀滅，對我來說好像是很遙遠的事，哪怕是地球明天爆炸，我也無所謂，因為這不是我應該考慮的問題，只要今天活著，我就會慢條斯理地生活。

人一輩子考慮的事很多，但真正屬於自己的事不多，常常瞎操心、瞎忙活，比如說，很多人會為自己和子女的將來考慮，然而將來到底是什麼樣的呢？往往出乎預料，回想從前，那時其實根本不用那麼多慮的，發愁了許多年竟然不是那麼回事，只是自己提心吊膽地生活了許多年罷了。

有的人總是想到，要是自己得了絕症怎麼辦？親戚朋友有個三長兩短怎麼辦？還有的人這樣想，在工作上怎麼對付那個經常與你過不去的那人？怎樣能得到上司的賞識？或者怎樣避免上司的冷眼等等。為了這樣的事，有的人煩惱好幾個月，有的人發愁很多年，後來，預想的沒有出現，沒想到的事倒發生了不少。是啊，人都應該走一步說一步，想得太多，於人於己都不會有好處，特別是那些沒必要的操心。

生活中，總有杞人憂天的事發生，但發生在我們平常人身上，不僅是有些可笑，而且是有些自取其咎了。因為你左右不了，你也無能為力，可你卻要想。想點什麼不好呢？也許人有些不必要的想法，是因為無事可做，閒人操心最多，但操心多了就成了忙人，思想有負擔，是很痛苦的事。生活中，人們的一些不必要的痛苦，往往是來自於想法太多。

有的人的生活真的像服刑，只不過有的人覺得服刑也不錯，做指定的事，吃指定的飯，沒有更多的自由，但生命有保障；有的人服刑很不服氣，總想找點是非，做出點名堂，引起點轟動，讓人們記住，讓更多的人認識，至於他是否認識更多的人，就無所謂了，只要人們用仰視的目光看他就足夠了，然而總有一天他會淡出人們的視線，因為還會有人像他一樣十分想表現；有的人雖然在服刑但不承認，他們有自己的見解，認為服刑其實就是享受，享受保護，也享受不自由，享受指令，也享受生命，因為畢竟有放風的時間，有陽光，空氣和大自然的美景可以看。

生命是可愛的，也是短暫的，人的想法是千奇百怪的，但絕對是有限的，因為這是由能力決定的，但不管一個人能力多大，總有想不到的事，做不好做不到的事，比如說，你可以征服他人，卻不可能不死。

也許宇宙間的一切都是有生命的，當然包括地球。能感覺生命的美好，我們且享受；能感知自然的美好，我們且拭目。思慮太多，對生活無益，並且生活中大多數痛苦與煩惱與分心分不開。

人們常說：「考慮那麼多幹什麼？」說起來容易，而真正去不去考慮卻又不由人，其實是不由得自以為是、自尋煩惱，且生活，考慮那些多餘的，你就忘了享受，因為你很可能在浪費時間。

# 一張臉龐，一輪月亮

月亮皎潔，半夜裡從窗簾縫隙射入屋內，屋內顯得格外靜謐。元宵節的鞭炮聲，此刻已經匿跡。

我站在陽台上看月，心情漸變平靜，就像月亮背後那墨色的夜空。在我的印象中，從來沒有見過如此潔白的月亮，就像這個世界突然間變成了兩個天地，在今天隔開。總以為自己一直站在一個落伍於時代的地方，那裡也有潔白的月光，也有刺眼的陽光，艱辛地活著，無奈地醞釀著希望。

妻睡得酣暢，一呼一吸，錯落有致。玉雕似的臉龐，沉靜在月光裡。這一刻我突然想到她們應該是一體的，臉龐如月，月如臉龐，一樣的明亮，一樣的皎皎。

簡單的邏輯，直接的思維，一目了然的天上和地下。這裡是適合她的地方，溫情的體溫，平靜的心跳。很久了，生活在一起，我沒有指望過從她這裡獲得過啟示，而此時，看著她才感到心靈總未有過的寧靜，從未有過與她相依為命的感覺，而現在，我有。

也許人活得久了才會明白，除了歲月，對其它的東西要的越來越少，需要珍惜的也越來越少，只剩下了健康和一個溫情的家。想起那些曾經堅持的心情，想起那些纏綿的日子，留在心裡的，是一些痛與癢的心跳。

生活是個天大的誤會，誤以為能得到更多，誤以為可以愛得持久。其實沒有更多的愛，也沒有更多的恨，唯有不多的日子，慢慢地告訴我們活著就好，可以看日出日落，可以看孩子一天天長大。都能體會孤寂花落的滋味，世道輪回沒有一個人能走脫。

月光下，妻好像在笑，淡淡的、淒迷的、隱隱約約的樣子。她在做夢吧，那笑容如夢一樣清晰，也如夢一般含糊，更像夢一般閃爍不定。明明是近在咫尺，卻又給我一種遙遠的錯覺。夢裡的她幸福嗎？有沒有不滿、失落、不甘心、捨不得？

我想起她常常問我的一句話：「你愛我嗎？」多少次，多少遍，她總是帶著好奇的目光，急切地期盼等我回答。我真的不想回答她，可是還得答。我知道我的回答，也假也真，夫妻間愛的話語，還有多少濃度？我不知道。因為她是為「我愛你」這句話才嫁給我，而這句話說過多少遍，像灰塵一樣，落滿家裡，可是卻落不滿她的心，她是不是用這句話來擦洗自己的心靈？到底她是愛上這句話還是我？大概兩者皆有吧。

月光是屬於陰性的，柔媚入骨，缺少陽剛之氣。透過窗縫，那一縷月光不一會功夫已經爬行到牆上，給家帶來一片朦朧氣氛。我捨不得把它遮起來，它像愛情一樣，好像能看得見，卻怎麼也摸不著。

婚姻中有沒有愛情，肯定是曾經有過吧，而更多的是日子。愛情只適合在感覺中、在想像中，如今晚的月光，留給我的只能是一點點羨慕，一點點迷惘，一點點克制，一點點感慨。但我知道它的出現昭示著什麼？千百年來，它不緊不慢，持之以恆，來了又去，去了又來，走出我的視野，走入別人的風景。

翻身躺下，看著妻的臉卻有一種說不清的親近感，有一種把臉貼近月光的感覺了。

一切又恢復了原來的樣子，沉寂無聲，唯有妻的臉龐，像輪月亮，毫不吝嗇地向家裡播撒著清輝……

# 你看，生命的光華

就在這一天又一天中，有多少人開始了新生？又有多少人從此灰飛煙滅？有多少事鼓舞著成千上萬的人？有多少事靜候陪伴著某些人走過寂寞？這當然無法統計，也沒有必要，就像有人想知道現在世界上有多少狂風暴雨，就如同想知道周圍的人群中有多少聲歎息一樣。

# 沉迷

就生命的進程而言，人生就是一場執迷不悟的愛。除此以外，還能體驗什麼呢？每個人從愛自己出發，愛的越來越多。比如，有人喜歡遊山玩水，有人喜歡種草養花，有人喜歡收藏，有人喜歡字畫等等。

先不說沉迷於瑣碎的嗜好，就是生活本身也會在不知不覺中引導著人們步入迷途。比如說，有的人上班時是個工作狂，退休後居然沉迷於買菜，每天總要到早市上撿便宜，哪怕吃不了扔掉；有人沉迷於下棋，一天一天地下，不能下的時候也要在寒冷的冬天裡圍觀，幾個小時過去了，還在那裡搖旗吶喊。

一個人沉迷於生活中的某些事，其實很可愛。因為沉迷，生活變得更生動，因為沉迷，人也顯得有耐心。我們社區裡有個退休教師，喜歡釣魚，可是水準很差，但他能在湖邊一守八個小時，即使一無所獲，但總能贏得樓下老朋友們的讚許，都說好耐性。他常謙虛地說：「一般，一般。」還有一位退休主管喜歡買舊書，為了找一本書，連續二十多天在舊書市場找，後來買到一本替代品，逢人便說，好像是多大的喜事。

沉迷，是心甘情願的。有位同事，喜歡網上購物，幾乎天天有她的包裹，都是些不值錢的小東西，儘管多次受到同事們非議，但她依然樂此不疲。還有一位喜歡打麻將的，一下班就走進麻將館，起初老婆帶著孩子來找他，館裡的老闆讓他們一起在麻將館吃飯，後來幾乎不在家裡吃了。

有的人的沉迷是常變換的，比如說，這幾天喜歡打撲克，過幾天又迷上了網路遊戲。反正是總要讓自己沉靜其中，才能找到真正的樂趣。

沒有愛，就沒有樂趣。一往深情的沉迷，喜怒哀樂全在其中。也許在外人看來是很無聊的事，但對當事人來說，那是他激情燃燒的日子，是他生存的方式，也可能是他人生的一種解脫方式。

你看，在沉迷中生活似乎變得有滋有味，雖然忙忙碌碌沒有什麼效果，那純粹的興趣，成了他的一種生活態度。因為沉迷，人性中多了許多認認真真；因為沉迷，人性中多出了一往無前的精神。

事實上每個人都會沉迷。沉迷就是局部生活的放大，沉迷就是有可能對生活中的其他事視而不見，沉迷就是被某種愛好套牢。就像我們在青年時代時，對戀愛超級迷戀一樣，看上去愛得疲憊不堪，但樂在其中。

# 心中有條河

在我的心中，不管是人們提起河，還是我偶爾想到河，好像總離不開老家的河。

大概是小時候一年四季都在河邊玩的緣故吧，它是永遠地刻在我腦子裡了。我記得，十多歲之前，春秋兩季我總會去那河邊抓魚，夏天游泳，冬天滑冰。事實上，夏天我總是在河邊的大口井裡游泳，河裡的水太淺，若遇到下雨天，又有可能會發洪水，所以很不安全。冬天呢，就是滑冰了，父親在我很小的時候就做了冰車，我讀中學時還玩，放學後，天色暗了下來但我們許多同學照樣玩個不停，若是星期天就更不用說了。

這些年回老家，最先看到的還是那條河，河已經有了大改變，河堤上修了公路，河上架了大橋。看上去與我記憶裡的河有很大的區別呢。河的南面是我的村子，北面是鎮上。我是在村子裡讀小學，到鎮上讀中學，在村子裡玩耍，在鎮上成熟。

我到北岸是帶著夢想的，那時候，我坐在中學後面的松樹坡下，常常想，將來一定要考上大學，之後呢，就有了工作，娶妻生子，安安穩穩地過日子。再以後呢，我得常回家看看，就像許多走出大山的人們一樣，風風光光地回來，然後又趾高氣揚地回到城市。

然而事實並不是我想像的那麼好，工作後沒多少年，我的父母就相繼離世了，再回村已經沒有了親人，孤孤單單地剩下一座老院子，讓我睹物思人，這是怎樣一種心痛呢？原來歲月是這樣的，讓我長大，讓我走遠，也讓我的父母親走得更遠，早知這樣為什麼還要盼著長大呢？

童年的思想就是那樣懵懂無知的，原以為北岸是我幸福的起源地，哪知道南岸才是我的根；原以為我走得越遠父母越高興，哪知道走過鋪滿掙扎的北岸，父母的心就丟了；原以為南岸是我永遠的棲息地，等所有簡單的願望都實現之後，才知道那地方早已失去了我棲息的溫暖。

歲月如水，不知道我小時候，玩過的河水流向了何方？不知道水是否是帶著夢望離開的。我是帶著夢想離去的，離開了南岸，也離開了北岸，離開了那條河，那時候根本沒想過，這條河在我的心中那麼重要，是後來，漸漸地發現它住進了心中，以至於我常常認為，人生所有的夢想都不算什麼，比起伴我成長的河，夢想只能是一種欲望，而河卻是我最幸福所在。

我常常想，如果歲月可以討價還價，我願意讓我把已實現的理想還給它，我只是想與父母健健康康地生活在一起。我甚至認為，其實實現理想並沒有什麼意義，而小時候與父母在一起才是最有意義的事，因為如今想起來，我明白我已失去了最深、最厚重的愛，也明白了天下最溫暖的地方就是有父母在的地方。如今河旁邊的家無人可守，溫暖變成了一種蒼涼的回憶。

回憶是一種憂傷的幸福，就如同記憶中的溫馨會變成痛苦一般。那時候，冬天裡的冰再堅硬，貪玩的我只要看見河邊有一個人守望著就是在春天裡了。可是我不懂河水離去的選擇，就如同河水不懂我嚮往實現夢想的選擇一樣。

都遠去了，河依然，親人不見了。我只能遠遠地想像那條河的樣子，彷彿他們一直在南岸。

## 人生總在彩排

有人說：「人生沒有彩排，只有現場直播。」這是一句蠱惑人心的話，我覺得人生一直在彩排。

誰都不想讓人生成為一次次的彩排，然而沒辦法，我們真的總在彩排。我們試著理解生命，可是它帶著無數的未解之謎。我們試著學會生活，但是常常掉入生活的陷阱，而不是掌控生活。

人生最容易的事是浪費時間、浪費生命。當然，我們知道時間的重要性，也曾經努力珍惜，可惜我們無法營造出真正的生活，因為它在變，包括愛、心情、感覺。

事實擺在我們面前，活著容易，學會生活卻很難。我們明明知道，生命僅此一次，可是我們常常無法把握，無法把握健康，無法把握愛的方向，無法把握工作的態度，總有出乎我們意料的情況，總有意想不到的事，總有不懂得的道理。

生命的旅途，走過一程又一程，我們像是在不停地聽課並做著各種各樣的練習，那些課程我們似懂非懂，也有的課程我們完全不懂，我們的練習有時是亦步亦趨，有時是駕輕就熟，可是生活容不得我們只會一件事，只做一種工作，只有一種想法。我們像某門學科特別優秀的學生，在現實的嚴厲批評下，不得不學著做其他的事。

人各有志，雖然說每個人的人生目的和道路不盡相同，但誰也逃不過挑戰與教訓。在這一點上好像是人人公平的，可是最讓我們煩憂的就是生活並不公平，人生並不平等。同樣起步，朋友過著安逸優越的生活，而你窮困拮据。同樣的工作，朋友升遷後享受著各種特殊待遇，而你沒有。失望總是難免的，遺憾像我們身後的影子，我們有時想假如有來生該多好啊。

假如有來生，你會在童年的時候，努力學習，絕不三心二意嗎？青年時期，你會不畏艱難去克服生活中遇到的各種阻礙，培養出超強的生活能力嗎？中年時，你會以一個成功人士的姿態，為周圍的人們謀福利，把快樂帶給身邊的每一個人嗎？這都是未知的，或者說，只是可能。毅力不是天生的，而較好的記憶力卻有可能是父母遺傳而來的。善良不是天生的，而習慣的形成卻與環境分不開。勤奮也不是天生的，而懶散是離我們最近的一種享受。人一出生就有某些限定，但是後天的內心限定可能是我們人生的最大障礙。

生活是艱苦的，但堅強不是與生俱來的，而是在人生彩排中學會的。愛情是美好的，但最美好的東西不是愛情而是生命，可是戀愛的時候我們常常因為愛而糟蹋生命，甚至痛恨曾經與你分享快樂時光的人，何必呢？幸福永遠是一段旅程，永遠是那麼短暫，因為人感受幸福的能力是有限的，不是你厭倦，就是她厭倦。人生的彩排有一個好處，讓我們不斷地發現新鮮事物，它的壞處是讓我們在得失之間留不住幸福，卻真實地感到痛苦，而缺憾又無法彌補。

痛苦多了，我們常常有悲觀的情緒，悲觀是特別浪費精力的，我們這樣懲罰自己也是彩排——我們打算用憂慮來描繪以後的日子。其實無論是對虛無的思考還是對死亡的擔心或者對現實生活的憎惡，對生命的憂患意識從來不是無意義的，悲觀也是一種自我教育。只是有的人清醒，有的人沉溺。沒關係的，因為人生的彩排就是一場自然而然的淘汰賽。

世上沒有健全的人生，只有不斷的彩排。我們不可能知道人生路上有多少陷阱，但我們知道生命是有限的，何不調整心態，心存感激，因為我們擁有現在。過去的一切都不會復返，但彩排還得繼續，愛也得繼續。

## 生命的光華

許多人都知道薛西弗斯的神話故事。薛西弗斯不停地把一塊巨石推上山頂，而石頭由於自身的重量又滾下山去，於是薛西弗斯又重新把它推上去，周而復始。之所以這樣，是因為懲罰他的神認為沒有比進行無效無望的勞動更嚴厲的懲罰了。讓眾神想不到的是，薛西弗斯從中找到了自己的幸福所在。

薛西弗斯這樣做是因為他藐視神明，對生活充滿激情。他雖然受盡折磨，並一心致力於一件沒有任何效果的事業，但他憑著對生命的無限熱愛必須去這樣做。這個故事看起來荒謬，卻包涵著對生命意義的詮釋。因為我們每個人都是薛西弗斯。

一個人以沉重而均勻的腳步不停地走在苦難之中，薛西弗斯不是沒有意識的，他所走的每一步都帶著成功的希望。我們每個人和他一樣，終生在勞動，有的人做過許多種工作，有的人則是一輩子做一樣的工作，但不論哪一種人，都和薛西弗斯沒有什麼差別。當一個人意識到他不停地工作是悲劇時，悲劇才會誕生，他就會越來越覺得那樣的生活，無非是周而復始的痛苦罷了。如果這種意識從薛西弗斯的心靈深處升起，那麼這事就變成了懲罰他的眾神的勝利。神話中的巨石應該代表著巨大的痛苦或難以承擔的重任，薛西弗斯並沒有這樣想，當巨石幾秒鐘滾下山之後，他就朝山下走去，他要重新來過，一千次、一萬次地搬動巨石，展現在我們面前的是這樣的景象：堅硬的石頭和薛西弗斯沉重的腳步。

外人看來，薛西弗斯所走的每一步都是在靠近苦難，而他不覺得，他的全部快樂就來自於做這件事，他這樣想：「儘管我歷盡艱難困苦，年逾不惑，但我的靈魂深邃偉大，因而我認為我是幸福的。」原來他把別人眼中的苦役當成一種樂趣了。

是的，他的命運屬於他，小而短暫的勝利屬於他，別人也許會認為他付出的代價和勝利不成正比，相差懸殊。但薛西弗斯不這樣想，他是無聲的，他的努力也永不停息。有人也許會問，薛西弗斯是傻子嗎？問題是我們並不比薛西弗斯聰明，而我們所謂的聰明想法往往近乎於愚蠢，這正如哲人所說「智慧使人痛苦」。

也不是說我們應該傻些，或者難得糊塗。我是說，薛西弗斯聰明的結果是他藐視了眾神，也藐視了命運。而我們聰明的結果只能是屈服於命運，最終在宿命中走向絕望。

我們回到了現實生活中時，薛西弗斯也正在走向巨石，但我們有可能與他的心情不同，信念不同。造成我們與他生活態度不同的原因只有一個，那就是我們對自己的生命不夠虔誠。你可以不承認我的說法，但事實是，薛西弗斯超越了自我的命運，而我們大多數人沒有。眾神面對薛西弗斯日復一日，年復一年的滾石，他們失去了笑容，而薛西弗斯卻在歡樂中進行著他的滾石工作。而我們多數時候是痛苦地進行著「滾石工作」。當痛苦從我們的心頭升起，痛苦勝利了，我們失敗了。

「人生沒有意義」這種說法已經得到了許多人的默認。這正如薛西弗斯全身心致力於無效的事業一樣。但他無效的行為和動機產生了不可估量的價值。你看，生命的光華在他的行動中閃現著。

## 想起梭羅

一百五十多年前，美國人梭羅（Henry David Thoreau）離開嘈雜的城市走進大自然，開創了他的《凡爾登湖》，同時也開創了至今仍為人所憧憬的田園夢想。

梭羅為什麼一個人跑到凡爾登湖單獨生活呢？

因為他看到當時的美國人都沉迷於工業革命後所帶來的巨額財富中，人們的精神生活特別空虛，明顯日漸墮落。梭羅對這種景象難以忍受，於是一個人去了凡爾登湖，花了許多時間思考人類、自然與文明的問題，他要讓自己在最低微的生活中獲得最高的精神享受。

城市裡的房價越來越貴，應該說與農民進城有一定的關係。一些地方政府一面保持耕地面積，一面在城市周圍圈地發財，美其名曰搞城市建設。我們管不了一些地方政府的行為，不知即將消逝的村莊背後的巨大利益鏈，也不知也不能說村民們搬到城市裡怎樣生活，但可以肯定的是他們祖祖輩輩在村子裡自然的生活從此變得不自然。

現在各行各業都追求提速，於是「快」成了一種時尚。比如火車提速是好事。但絕不是所有的提速都是好事。文學界有「短篇不過日，中篇不過周，長篇不過月」之提速，一個月一部長篇，不知道天上究竟有多少文曲星下凡。可悲的是「提速」之後，迄今為止沒有發現什麼有價值的文學作品。梭羅所嚮往的生活，依然是許多人心中的夢想。

梭羅說：「我們尋求真理的時候，宇宙在大自然中為我們準備好了答案，我們往往也能在其中領悟到生命的道理。」可是我們的生活越來越變得不自然之後怎麼辦？

一切行為都基於生命的欲望，而欲望不免造成痛苦。有人渴望在城市裡過奢華的生活，也有人渴望過寧靜、無紛擾的生活。一個城市如果忽略了人們精神生活的作用，那麼它所做的事就是一件瘋狂的行為。

人為破壞自然的行為，必將受到自然的懲罰，最先品嘗痛苦的應該是那些渴望心靈清靜的人們。

# 躲不過的敲打

剛過了年，就下了兩場雪，天氣突然變冷，可不過三兩天，就已轉暖。我懷疑，春天到了，但枯了一冬的樹沒有一點動靜，走在街上，早晚還是有刺骨的寒意。

北方的城市，冬天總是模糊不清的，當你等著冬天離去的時候，一不小心會發現樹綠起來了，其實那時候已經進入了夏天。

就是這樣的，春在這裡來得快去得也快，而有暖氣的日子，我們都把它叫冬天，習慣了這樣的冬季，也習慣了熬日子。

這些年，冬天的冷也不是正宗的了，心裡的涼意卻很道地，我說的涼意是指那些透明的哀傷，那些潮濕的困惑，還有那無期的寂寞。

就是在年復一年的冷清日子裡，我總是感覺憂傷，所以我懷疑城市是讓人失去快樂的地方。可是有什麼辦法呢？儘管我已經習慣了深居簡出、淡泊度日，唯有記憶如同暗室裡跳舞的塵埃，輕輕地旋轉著，忽多忽少、忽明忽暗。

記憶裡有些什麼呢？是真實與虛幻的交織。比如，愛或不愛，堅持或忘記，光榮或屈辱等等，也許生活就是一遍遍重蹈覆轍，性質相同，只是情況不一樣。就像這一年又一年，彷彿我就是廢墟裡飄起的塵，在春風將來之際狂歡，然後對應一段記憶。

## 你看，生命的光華

風吹不走我的哀傷，卻很容易帶走快樂，記憶裡有很多東西，總是夾雜著惆悵，像一種沒有病的呻吟，因為相對於過去的日子來說，我唯餘失落。

在注定傷感的城市，我常常舞文弄墨，只是想說出自己的寂寞與無聊，而那帶著溫度的街道，那充滿色調的高樓，還有那條河，都是煩躁的縮影。

我總是想，久久不願離去的冬天是不是一種審判，審判我的過去，審判我的記憶，甚至審判我的靈魂。讓我寂寞，讓我憂鬱，可是我無法改變什麼，這現實，這生活，總覺得我是在一年年出賣自己所有的一切，而我是生命交給的傷痕。

寂寞的傷痕讓我緩緩地痛，好像有一種聲音在耳旁告訴我，這之前，你擁有或失去，可以回憶也可以忘記，在這之後，得到或放下，你還可以堅持或悲慟。

我並不是一個為過去沉淪的人，我只是覺得在每一年嶄新的生命訊息中，我就是那隻破繭的蝴蝶，翩飛著憧憬著，也掙扎著墜落著。怎能這樣呢？心的復活總會是一聲夢囈。

早就知道，生命就是一瞬間的。我不求有什麼美麗的軌跡，也不想守著那些美好的事情不放，只是不想在忘卻的孤獨中，默默地等待著地老天荒。可不這樣又能怎樣呢？

城市的浮華不是我要尋覓的風情，故鄉的山水也已經沒有了我駐足的安逸。儘管城市的空氣裡彌漫著浪漫，但是山村裡有我難忘的古樸。我翅膀不夠堅強，所以不能飛越，因而只能堅持著飛的姿態，我知道，這種堅持叫寂寞，我躲不過它的敲打，我只能用善良的目光面對未來。

## 迷途

走過四十年人生的人，很難說清楚人生到底有多美好。是因為走過這麼多年，已經累了，雖然不是那種筋疲力盡的感覺，但已無心說景。如果有人想說，人生的美好就在此刻，那麼所走過的青春歲月是什麼？如果有人說青春年少的人生最美妙，為什麼當時是如此的困惑，那般的迷茫呢？

不管是怎樣的歲月，生命總是走在迷霧之中，看不清，也說不透，無法說，也似乎不用說，慢慢品味吧，可是歲月又容得下誰駐足呢？

只在此山中，雲深不知處。我們都是在尋找自己的人，尋找什麼呢？是希望還是靈感？是真我還是真愛？也許都有，也許僅有那麼一點點，可就是那麼一點點也夠我們一輩子忙碌。

人生如登山，容不得我們走走停停，也容不得我們頻頻回首。此山總是雲霧彌漫，讓我們不得全貌，我們知道有人在我們前面，也知道有人在我們後面，我們有時自豪，有時自卑，有時孤獨，有時歡快。就像有山風吹過一樣，我們清醒或者嚮往，嚮往能看清一切，也嚮往明白一切。

但是，在億萬年的歲月之中，誰都有一樣的嚮往，但誰也沒有弄清楚自己的心情，就像我們無法堅定自己的信仰一樣。如果說我們信仰攀登，那麼風霜雨雪就是生命的試煉嗎？如果說我們嚮往愛情，為什麼愛與恨總交織在一起如長青的藤？早知如此，何必要攀登，有愛何必要生恨呢？

問題是生命是不可再得的，我們已經上路，我們已經愛過，是什麼力量促使我們每天不斷地向前呢？不斷地努力，千步、萬步、千萬步，誰又能走到自己想要的高度呢？只怕走來走去還在山腰打轉。

有沒有一架登山的電梯，讓我們穿越雲海，直上九天呢？我常常這樣想。是不是千萬年來，人們都在為造這架梯子而努力呢？是不是有人造就有人破壞呢？畢竟能坐梯子的是少數人啊。真想給造梯子的人們捎個話——能不能快一點。可惜，人聲鼎沸沒有人聽得清我在說什麼，再說了我可能已經錯過登梯的機會。陽光到來的時候，我沒有看見梯子出現，夜晚來臨的時候，我沒有聽見架梯子的聲音，我不能追逐，也無法把握，甚至不能等待，我只能像來時那樣，繼續走下去……人生何處不壯烈？我突然想起這麼一句話。因為在來的路上，總有人不慎失足，墜入深谷，厄運無法挽回只能獨自承擔。

我想起，如果我失足了怎麼辦？沒辦法，只能隨風而去。生命從來不是安全的，縱然我們都信心十足地活著，既然活著，我們就都是不怕死的，因為我們都是登山的天才，我們不會半途而廢，不是生活不允許我們那樣，而是我們總是希望。我們是走在希望的路上，哪怕是迷途。

有一點其實我們誰都知道，那就是人生就是一個從生到死的過程，我們可以為死而生，但不能為了失敗而活著，我們可以不光榮地死去，但我們必須不斷地攀登，因為歷史總得有人去書寫，我們都會留下未完成的作品，在此期間我們將藝術地活著，忐忑地前進著，以流星般的速度和光亮，閃過迷途，然後保持緘默。

# 人生難得再純情

「梧桐樹，三更雨，不道離情正苦。一葉葉，一聲聲，空階滴到明。」每每讀到這樣的句子，我總是想像古人是那麼純情，純得不帶半點雜念。

低吟細唱，寫盡離別與惆悵，且不說，詩詞中的情與景相融交織，烘托真情一片。關鍵是那種深情如虹的美感，就能讓人浮想聯翩，直達心靈深處，讓人找回屬於自己的那一份純情摯愛。

## 你看，生命的光華

關於愛，我覺得人一輩子有沒有過真愛不重要，關鍵是有沒有過純情，或者說感受沒感受過純情。一個人，不論男女，若沒有感受過純淨的愛或被愛，是一件極可悲的事。

人世間的愛，千奇百怪；人世間的情，花紅柳綠。我們也許不能給愛情下定義，但可以給純情作詮注。純真的感情是有鼻子有眼的，也是有模有樣的，它像一個小世界、一個小天地，有房子，有樹，有道路，有橋梁，有歌聲，有圖畫，更重要的是有太陽，還有星星和月亮。

「你是星星，我是月亮，星星月亮永不分離。」只有純情的人才會說這樣的話，如果我們追憶當年的愛戀，也許會產生失落感，也許並不為它而遺憾，但絕對會為自己的純情而感慨。

純情是可貴的地方，在於能夠感動自己。哪怕生命淡泊於所有的懷念，但混沌未開時的純真，卻是你一生中最珍貴的財富。當塵世的風沙侵襲之後，你有了客套，有了虛假，與此同時你也有了痛苦，你甚至寧可懷疑他人失去純真，也不願意承認自己已經不再是初露的新芽。

等到了懂得「多情自古傷離別，更那堪，冷落清秋節」之時，你已經是個意濃情不切的多情人士了。

人一生經歷或者擁有各種各樣的感情，造化弄人，任何人都得接受真情換假意的磨礪。所以我們知道了純情的可貴，也明白了屬於自己當年的那片綠，已經被踩了無數個腳印，而我們只能是珍存一份純情的懷念了。

歌德（Johann Wolfgang Goethe）說：「這個世界要是沒有愛情，它在我們心中還會有什麼意義？」

很可惜，我們人生的意義有一種叫：懷念美麗。

比如「再回首，雲遮斷歸途。再回首，荊棘密布，今夜不會再有難舍的舊夢，曾經與你共有舊夢，今後要向誰訴說。再回首，背影已遠走……」

有人總以為現在的年輕人，把感情當兒戲。可是當我看見他們對古詩詞中的那種離情也是十分的尊重的時候，才覺得其實他們也曾是純情之人，大概是生活節奏太快，快到了連純情也讓人一閃而過的地步了吧。

## 永遠猜不透的心思

前一段時間還盼著放假，可是今天假期已經過了好幾天了，我若無其事地走在路上，想著這日子的匆匆忙忙。

我喜歡對生活進行思考，當然更多的是思考日子，思考生命的必然與偶然，我知道，這些思考可能沒有什麼用，但我必須思考，因為我沒有什麼可做的。

比如今天，我沒有什麼事，就在馬路上走來走去，走了很遠的路，想了很多問題，雖然都是些不起眼的問題，但我必須這樣做，因為習慣了想些什麼。

平常的日子裡，我看過許多道理，有名人名言，有哲理格言，我很佩服他們說出來的話，可我覺得那些話大多適合擺在桌面上，而每個人自己心裡到底想什麼，只有他自己知道。

慢騰騰走的時候，我總是遇到一些老年人，他們大多目光深沉，我懷疑他們肯定像我一樣在想問題，想生命的限期，想身體的狀態，想日子的匆匆。看他們的走路姿勢就知道，他們都是帶病之人。老了，誰沒有病呢？生活從來是這樣，年輕時被欲望驅使著，老年時被身體羈押著，總是一副囚徒的模樣。

有的老年人很機靈，也在注視著我，他大概在想這個年輕人觀察我們做什麼呢？想偷東西？還是想來騙錢？我當然不理他的目光，板起臉孔，走我的路，想我的問題，正想著看見兩個老太太搶著拿菜，一個說自己的手還很有力，一個說她身體好著呢，要多拿點兒。我明明看著她倆人走路都不穩，還要爭強。也許這與爭強好勝沒有關係，可能是她們倆的感情較好，所以相互關心起來。生命總是在相互關心中找到慰藉，不管是誰，對經常在身邊的人失去了關愛，那麼他就成了個行屍走肉、行將就木的傢伙。

我討厭那些人麻木地活著，吃點喝點活一天算一天，特別是那些做事總是想著占上風、占便宜的人，人可能都是自私的，如果自私到一定程度，那麼他就會覺得活著其實沒有什麼意思，因為總有沒有便宜可占的時候，總有兩手空空的時候，他的樂趣總是看著蠅頭小利，雖然說他活著的意義也是在爭取著，可是生活給予任何人的東西都不會太多，禍與福相依偎著，雖然生命只講道理，不講道德，但它講道理是因為需要平衡，不講道德是因為世上本沒有什麼道德，而道德更接近於一種秩序，或者說它就是自然而然形成的秩序，誰破壞了這種秩序，也就沒有生命的道理可以平衡了。古時候，人們對道德看得很重，他們甚至認為講道德的人，可以發財可以長壽可以成神成仙，那是因為這些人是自覺維護社會秩序的人。

累了才知道有時間休息很快樂，餓了才覺得有飯吃很香，走得遠了才想起離家近一點那該多好啊。比如我現在街上亂轉，感到走得困倦了，就把當初出來的意圖忘卻了，當初我是為什麼出來走路的呢？對了，是這樣，我為了出來運動一下，總在家裡窩著很難受，從放假到今天僅僅休息了四天，就有些不自在了。也許這與人是動物有關係吧，動物就得動，不動就會難受。

大自然是神奇的造物者，不停地讓一些人開始生命並走入生活，讓一些人停止活動並熄滅如燈，就在這一天又一天中，有多少人開始了新生？又有多少人從此灰飛煙滅？有多少事鼓舞著成千上萬的人？有多少事靜候陪伴著某些人走過寂寞？這當然無法統計，也沒有必要，就像有人想知道現在世界上有多少狂風暴雨，就如同想知道周圍的人群中有多少聲歎息一樣。

沒有人對大自然說聲感謝的話，即便活過百歲也不捨，也有可能痛恨自然規律，因為一生中雖然活得很年長，可是差不多都在與苦澀的日子玩命。而那些平淡的日子又都忽略不計了，不是不想記而是記不起來了，記住了也是空留戀。

在不停地開始不停地結束中，我其實是無話可說的，說了是永遠的，不說也是永遠的，只要宇宙存在，世界上什麼都是永恆的即使它不存在也是永恆的。永恆是因為有這些謎一樣的問題存在著：比如，這個世界從什麼時候誕生的？為什麼會是這樣？科學家們都說宇宙是有生命的，那它在思考什麼呢？是不是也在為存在的理由尋找生命的意義，是不是也在為時光的短暫而歎息惆悵呢？

# 生命中沒有的緣分

我應該是個不相信緣分的人，只是我無法解釋。因為喜歡從未放棄，而隱忍一直繼續，心情彷彿是白雲外的期待。

也許每個人心中總有一份握不住的幸福，別人的，我無法感知，我的愛清清楚楚，明明白白地刻在心上。

時間總在沖淡著什麼，思念或者愛戀。是的，不再是那麼強烈了，也不再是那麼磨人了，心中有某種東西在自然而然地流走，默默地，柔柔地，像告別的腳步。

時光總帶著美與遺憾同行，心情如同飄蕩的花瓣久久不願落下，常常用文字來打發寂寞，可是不管寫多少文字心情還在，常常用無奈勸自己忘記，可是縈繞在心間的夢總是不離不棄。

文字表達不了感覺，比如憂傷，還有那面對面的尷尬。開始的始終沒變，而結束在開始之前。恨記憶不會消散，就像生命中的某種芳香，是我難以逃避的迷幻。

莫名地，常常地想起，握不住的手，卻能感到溫暖，消散的情緣在褪色的微笑中顫動。還有那些蒼白的祝願，珍藏起來，然後在夢中囈語。

此去經年。

不想辜負自己，也不想辜負別人，可是我沒有了當年的信心和勇氣。

距離是心生的牆，我在這邊寫著，你在那邊念著，然後各自憂鬱。

人生苦短，在泛起愛意之後，加一把酸澀吧。找不到當年的彩雲，也許它永不再來，重聚的相思已變成冬日的雪花，飄零在我們曾經走過的路上，點點滴滴送給來年的小草們，為我們曾經守候的真摯。

你看，在緣分的天空裡，我們只是照亮彼此心靈的亮光，回首的剎那，已無痕可尋。

只有守望的距離在星與星之間閃爍。

從此，愛與恨在夜與晝之間交替，織成黑白相間的華髮戴在你我頭上。

沒辦法，上天讓我們永遠聖潔，留一世的悲苦在心中。但我們還得感謝，因為我們並不陌生。

## 情感鎖鏈

這幾天，天氣變冷，天陰時多於晴時，偶爾還下點雨。

朋友對我說，這幾天心情特別好。我說：「你就跟人不一樣，我都快心煩死了，陰沉沉的好幾天了，冷，還要下雨，還會颳風，做什麼事都提不起興趣來。」

他說，這樣的日子，讓他想起讀書時的那個地方，常常是這樣的天氣。而他呢，常在淒風冷雨的日子裡與初戀女友走上街頭。他說，那是他一生中最快樂的日子，也是最值得回憶的事。

我問他，為何不選個好天氣外出呢？他說，女友一到這種天氣就心煩，只有和他在一起才會開心。

我默然，難得他記得這份感情，也難得他對這種天氣有特別的感受，可如今物是人非，只能是觸景生情吧。

我問：「現在，你那女友的孩子也該上國中了吧？」他說，不知道。十幾年前畢業就失戀了，開始還有點聯繫，後來就杳無音信了，是女友先提出不再來往的。

我說：「恐怕她早把你忘了吧。」他說：「我也把她忘了，只是這種天氣才想起。」

我說：「你啊，怕這輩子逃不出對這份感情的懷念了，不僅僅是天氣的問題，是你腦子有問題。」

他說：「可能吧，那時候……唉，還說那些幹什麼呢？」

是啊，有些情感的故事，留在心裡比較合適，不要找人傾訴，情感是條看不見的鎖鏈，你越想解開，拉得就越緊，最後只能是一道甜蜜的傷痕。

愛往往使人憧憬未來，誰知這位朋友卻十分留戀過去。

其實，生活中像他這樣把幸福停留在過去的人很多，我覺得這是情走偏鋒。

我與這位朋友相處已經很多年了，差不多是剛出社會就認識了，他沒有什麼愛好，生活中的其他樂趣也很少，可以說沒有什麼抱負，但實實在在是個性情中人。我有時想，可能是那場初戀的失敗，使他的精神世界澈底改變，變得與世無爭，變得對其他事沒有了什麼興趣，但像他這樣重情的人卻不多見。

也許感情的鎖鏈，真能將一個人折磨得全無鬥志。許多年過去了，一個人還能掛念著與前女友的歡樂與傷感，反而不考慮自己的處境，這樣的情感，何等可貴？

也許愛情，是這個世界上最不能缺少的東西。

可是對一個擺脫不了情感鎖鏈的人，該怎樣對他說呢？

事實上，別人都說他是個令人羨慕的人，他和妻子都是獨生子，經濟條件好，沒有什麼負擔，又有誰知道他的痛苦呢？別人都說他年輕有為，有的是時間和機會，可又有誰知道他連自己都迷失了呢？別人都想過他那樣的日子，又有誰知道他竟是活在情感鎖鏈中，不誇張地說是為別人活著呢？

其實，情感鎖鏈在很多人的心頭上有，少數人是讓過去的情感鎖定，大多數人是讓現在的情感鎖定。

不難發現，有些人只知道戀愛，心中只想著愛情。認定那是生活的快樂之源、希望之光。把找到所謂的知音列為人生必不可少的大計畫，而其他的生活目標竟然成了小專案。

可是任何人只想著走在情感的路上，永遠是被打擊的目標，注定看不到更多的光明和希望，往往是讓人的心情一波比一波低落，以至於過早地耗盡了生命的能源。

所以，我覺得不管情感的鎖鏈多長多深，最好是多找幾個方向。感情不順利的時候，還有別的愛好和興趣，一樣會提供生活的動能。

也許所謂的愛情是苦悶和寂寞的產物。但總有一天，我們會發現世上沒有人能支持和關愛你一生，也沒有人離開你就會活不下去，反之亦然。

我想，多一點情趣的所在之處，多安排一些生活目標，應是拉開情感鎖鏈的最好方法。

## 等待

一天又要過去了，傍晚，我坐在窗邊，注視著街上的行人車輛，突然生出一些感慨。

依然是大同小異的街景，依然是似曾相識的聲音，依然是相似的黃昏，怎麼就有些悵然若失呢？

小時候我就有過這樣的感覺，特別是在傍晚，站在村邊，遠遠地聽到鎮上傳來的歌聲，還有近處河裡流水的聲音，突然間所有的愉快都消失了，心裡一陣無奈，我說不清楚為什麼而無奈，只是覺得一切都那麼遙遠了，昨天，還有今天，將隨著夜幕的降臨漸漸地離我越來越遠，越來越模糊。

就是這樣，模糊不清的，我好像是一條無力掙扎的魚，靠在河床上等待著第二天的到來，呼吸著、靜候著，沒有快樂也沒有傷悲，有一點點傷感，也不知從心的哪個角落裡發出來的。每當遇到這樣的情況，我就想到要回家，母親一定等我吃飯，還有父親等著我，為的是看到我夜讀，他才會欣慰地去做自己的事。

真的很奇怪，我原以為這種感覺到一定的時候會消失，可是已經逝去青春，到了中年這種感覺越來越分明了，不過還是有區別，那個時候，我對日子的失去並不可惜，不是覺得這一天沒有玩盡興，就是想到了將來會有許多事要我去做，做就做吧，但如果日子總是這樣重複，那會很無趣的。當然，那時我已經想到，我會離開村子，再也不用為聽到那悠遠的歌聲而憂愁了，將來一定會好的。

我並不知道將來會去哪裡，只是認為以後一定會快樂。比如說，上了大學，找到了工作，娶了美麗的妻子，那是讓我多麼高興的事呢！然而這一切實現之後的現在，我在不同的地方，以不同的方式，又感覺到小時候的無奈與傷感交替的心情了。

一切都過去了，就像這黑夜來得是這麼快這麼自然一樣，記憶裡，所有的快樂都是

## 等待

短暫的，所有的憂愁好像也比當初想像的要短得多。大概是累了吧，我常常這樣勸解自己，可是年輕的時候怎也會這樣呢？我想起來了，年輕的時候，許多時候發愁居然是嫌日子過得太慢，總以為還沒有等到屬於我的時光，屬於我的機會，屬於我的幸福，現在我明白了，屬於我的時光、機會、幸福都藏在走過的一天天裡，只不過現在感覺起來好像並不真實一樣，真實的在哪裡呢？會不會還在明天呢？

在明天，或者不在，其實我知道明天會和今天一樣一去不復返，只是我已經形成了一種習慣或者叫信念——幸福在明天。只是我對於幸福的嚮往已經不再那麼強烈與狂熱，而且我在嚮往的同時又多了一些對過去的回憶，所以說傷感是混合的，就像無限的感慨也是暫時的一樣，之所說無限是因為期待之後依然是期待，而期待中徒然多了絲絲的失望，剪不斷，理更長。

是厭倦了，還是憂鬱了？是讀懂了日子，還是被日子糊弄了？誰能說得清楚呢？大概兼有吧，我清楚，我也糊弄日子，日子也讀懂了我，日子也會憂鬱，就像我對黃昏的厭倦一樣。我也知道，這一切都是瞬間，也都是人生的里程，哪怕它毫無價值。

# 給丟失的魅力找個替身

妻子已四十歲了，可是我發現她的許多做法，好像總覺得自己才二十多歲。我總是批評她：「務實吧，正視吧，不要把自己當成小女生了吧。」她每次都說：「我就這樣，喜歡。」

其實，在我的心中，覺得她有那樣的心態蠻好的，也許是嫉妒才說吧。跟我這樣成天老氣橫秋的樣子像什麼話呢？越是自己覺得老，心越老。

當青春遠去，總有一種不甘心的想法，還有一種不服輸的心思，可是回頭一想自己真的輸了，輸給了歲月，輸給了生活，怎麼活著活著就老了呢？我有時也覺得自己還年輕，有時候就像在夢中生活著，總覺得還是年輕時的樣子，還是年輕時的思想，還是年輕時的幹勁。可是總有些事情在提醒我，老了。比如說，以前我特別愛睡懶覺，常常想，若有空閒我就睡到大天亮，可是現在即便是假日，到六點多怎麼也睡不著了；還有就是健忘了，幾件事放在一起，總會忘一件，等別人提醒的時候，就想罵自己，當然遇到這樣的情況，我常常以「老了」為藉口，儘管如此，人家也會以為不把他們的事放在心上呢。

我自認為自己是個無魅力可言的人，更是個無趣的人，但我喜歡有魅力的人，年輕人就不用說了，只要年輕，就有活力，就有魅力。先說男的吧，有些人總是精幹的樣子，有些人總帶著樸素而大方的舉止，有些人說起話來很風趣，這些人我都喜歡，因為有魅力。再說女的，我最愛觀察那些會打扮的女人，儘管面容上占不到任何優勢，可人家的裝扮真是無可挑剔，我覺得那是一門藝術。還有就是我愛跟這樣的女人打交道——在正經與不正經之間的女人。我覺得一個女人太正經是毫無魅力可言的，而太不正經更沒魅力，該正經的時候正經，該不正經的時候能體現出人性的本質特徵，誰都可以接受和諒解的，畢竟我們都是人，不是木頭，也只有木頭才會正經，所以那些總是一副正經的女子，總讓人覺得假，假在什麼地方呢？活得累，每個人都是有氣場的，這樣的女人不但自己累，周圍的人與她打交道也會覺得累，何必呢？還有一種女人比較好，就是那種不知老的女人，也分兩種，一種是瞎打扮卻裝純，另一種是也打扮但有內涵也有活力。與後者相處讓人有精神，與前者相處讓人彆扭。

我覺得一個人不管男女，活著就要有老驥伏櫪，志在千里的意識，不管愛做什麼，也要當藝術來搞，比如穿衣、做飯，再比如化妝、養花。都是凡人，有人能得天下，有人能賺很多錢，我們賺個有手藝也行，搞藝術說到底就是追求美，人老珠黃，青春的魅力總會失去，但藝術的魅力不會，你能說音樂之美分老少嗎？

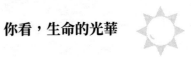

# 有關「心靈環保」

生命中有太多的「關於」，不管是哪一方面，我們有時馬馬虎虎，有時提心吊膽，就像遊走在大海裡的魚，內心裡充滿矛盾，卻又不能停止搖擺，搖擺像掙扎，又像尋找，像追求，又像淡泊。事實上，我們都是無所依傍的魚，在騷動不安中，一次次地把自己流放出去，疲憊的時候，失落的時候，游回心靈深處，想一想人生，想一想生活，想一想幸福……

# 閱讀的重量

現在網路閱讀成了人們生活的重要組成部分。人們的閱讀行為也發生了巨大變化。網路閱讀往往是「跑馬式」的閱讀，所以被人稱之為「淺閱讀」。這是相對於從前人們細嚼慢嚥式閱讀而來的新名詞。

淺閱讀的產生與現代人急功近利的心情是分不開的，是沒有計劃性的閱讀，自然也是沒有規則的閱讀，就是人們常說的瀏覽。有人抱怨說現在沒有好書，那麼過去的好書你讀完了嗎？讀好了嗎？

過去的大作家，比如巴金以一本《古文觀止》起讀，還有許多人以一本《紅樓夢》啟蒙，開始了他們的閱讀之路，他們讀得深且精，他們讀出了生活的微妙也讀出了文學的厚重，所以他們也拿起筆來。

如今的許多人，面對文學作品，拿起來看幾眼就放下。一方面他們覺得這些書許多人看過，精彩的部分已經被人們說來道去，再讀也是浪費時間。另一方面他們又覺得要是能找一本沒人讀過的好書，一個人享受其中的精彩那該多好啊。其實好書不可能一個人享受，只有一個人獨享的書肯定不是好書。當然也有例外，比如，有一些世界名著剛開始出版之後無人問津，多年後越來越多的人發現其價值所在，肯定是最先閱讀這些書的人獨享精彩，然而獨享精彩並不是每個人都有的能力。因為一個人的閱讀方式決定著他的閱讀重量。

應該沒有人否認閱讀是一種精神運動，但精神運動也分重量級與羽量級，比如說，我們前面提到的「淺閱讀」往往是帶著輕浮之心來讀，一本好書，往往帶著作者的精神重負，我們可以沒有閱讀計畫，並不能不帶著收穫的期望去讀書；我們可以輕鬆地去讀書，但不能不帶著一種「求知」的心情去理解作者的心境；我們可以不放下功利之心去讀書，但不能不把讀書當作一種求利之舉。

人常說，讀書就是與作者心靈的對話，可是不在一個層次上你怎麼對話？不在一個目標上你怎麼進入他人的心靈？我們看看前輩閱讀中有怎樣的生命體驗，周作人曾引用《詩經》中的《風雨》三章來描述他「挑燈夜讀」時，由「風雨淒淒」到「既見君子，雲胡不喜」的心境的變化，並且說了這樣一番話：「不佞故人不多，又各忙碌，相見的時候頗少，但是書冊上的故人則又殊不少，此隨時可晤對也。」在他的感覺中，這樣的「翻開書畫，得聽一夕的話」，實在是「大可喜」的人生快事。朱光潛在一篇論陶淵明的文章裡，對陶詩「歷覽千載書，時時見遺烈」作了這樣的闡釋與發揮：讀書就是「打破現在的界限而游心於千載」，以發現「可『尚友』的古人」，借「遺烈」的英魂使自己「感發興起」，讀書的過程也是一個「物我的迴響交流」的過程。

環境不同，我們沒有這兩位大師的那般厚重的閱讀功夫，但我們有這樣的情形，隨手翻閱，突然發現了格外寶貴的語句或難忘的話，讓人不是覺得甜蜜酣暢，就是覺得清醒頓悟，好像突然間直奔主題，得到了精神的解放一樣。這只是一個簡單而快捷的過程，事實上讀一本好書也是這樣一個過程，一個從輕到重再從重走到輕的過程。

現在我們的閱讀與過去相比已經有了許多變化。市場上賣得好的書往往是更靠近生活、實用的書：養生、美容、商戰、勵志……書海已經「茫茫」，而文學類的書往往被擠在一角，成了配角。當然這也不影響人們各取所需地去閱讀。

閱讀的功用就不用多說了。但是，我想強調的是我們應該有重量級的閱讀，正如文化給人的力量一樣。重量級閱讀，並不是多麼仔細多麼認真，關鍵是帶一個誠心，那樣我們會更多地得到漸進的、持久的滲透。雖然閱讀過程是輕鬆的，但一切都有痕跡。誠心閱讀不是生存甚至生計所必需的，但它讓我們感受到了另一顆心靈的存在，看到了生活的美好或陰暗，看到人情溫暖與淡薄，看到他人人身價值的同時也看到了自身的價值，這樣讀書，書的文化含量不會大打折扣，閱讀才會有更大的作用。

# 讀書本身是犒賞

有時候，心裡問自己為什麼要讀書呢？我也說不清楚，反正覺得讀書時樂在其中。

讀書就是一種傾聽，書讀多了就能訓練好的品性，讓人過早地「耳順」，然後謙遜起來。愛讀書的人，沒有不善於思考的，因為拓展了眼界，開闊了胸懷，明白了生命如水，有高有低也有快有慢，懂得了萬事有得必有失。

讀書也是一種吸收。過去人的思想，現在人的想法都在其中。讓人明白，原來這個世上有那麼多的聰明人，也有那麼多的勇武者，有那麼多的賢人，也有那麼多的小人。是書鋪開了歷史的階梯，是書薈萃了各個時代的精英。

讀書更能讓人充實。是書讓人明辨自己的長處，發現自己的短處。是書讓自卑的人抬起頭來，讓失意的人走出低谷，讓彷徨的人看清了方向。跌倒了，書把我們扶起來，脆弱之中書武裝了我們。

對於愛讀書的人來說，書就是他的精神家園。愛讀書的人很少憂鬱，因為他善於交流。愛讀書的人也極少孤獨惆悵的時候，因為他有忠實的朋友；愛讀書的人也很少怨天尤人，因為書讓他明白自己不過是滄海一粟。

好書對於愛讀書的人來說是寶物，離開它就好像失去了精神支柱。也難怪，許多名人因一本好書影響其一生。一個個真實而感人的故事，讓一些遭受不濟命運的人走上了自強不息的路，讓許多普通的讀者在人生道路上越走越勇。讀完一本好書，就好像完成一個旅程，途中有芬芳的書卷味引路，讓我們盡嘗了朝露的滋潤和晚霞的溫馨。

沒有功利思想的讀書人，最有靈氣。有人說：「書籍是靈魂的藥劑。」隨著歲月的加增，讀書人的心胸漸漸培養出一股典雅含蓄的氣質。這樣的人讀的書越多，心胸越開朗，不但能容人，而且能容物。

「開券有益」這是從古至今讀書人的共同感受。也有人說：讀書能陶冶人的情操，給予人知識和智慧。其實，不是所有的書都有益，也不是所有的書都能陶冶情操。古人云：「盡信書則不如無書。」不管讀誰的書，如果不經過大腦思辯，盲從地去讀，那麼你的思想就是被動、落後的。於是有人因「疑」而讀，發現了問題，形成自己的新認識、新觀點、新思想。比如清代一個叫戴震的人，幼時讀《大學章句》便向塾師頻頻發問質疑，當他明白了《大學》是周代的書，朱子是宋代大儒等許多問題之後還不甘休，就這樣一路問下去，最終問成了大學問家。有人因「惑」而讀，有人因「學」而讀，比如茅盾少年時就能背誦紅樓夢八十回，而魯迅、冰心、葉聖陶在少年時代都是背誦好文章的「專家」。孔老夫子說：「學而不思則罔，思而不學則殆。」他十分注重讀書要和思考相結合。不讀書，只是坐在那裡冥思苦想，固然不行；光讀書，不作深入思考，也不行。

不思之學，學到的只能是個別詞句，而非精神實質，那不僅徒勞無益，而且可能陷人於盲目，這樣的讀書，就有悖於讀書的初衷了。

一天又一天，書一頁一頁地翻著。春風秋雨，夏蔭冬雪一年又一年慢慢地讀下去，翻過的書就像微波，從內到外震盪著人心。事實上，愛讀書的人，大多也是善於讀書的人，「善」就善在選擇上，「善」也善在他們知道，讀書本身就是犒賞。

# 流放自己

關於人生，二十歲之前覺得它很長，四十歲之後覺得它很短。

關於生活，我們似乎有太多的話要說，可說什麼都總覺得詞不達意。

關於生命，三十歲之前我們會覺得挺好，因為有使不完的精力。五十歲之後我們的感覺就完全變了，許多人會把生命當成一件無價的藝術品，用全部的心血來維護，來塑造，來修飾，對生命的重視，讓生命的每一天似乎有了意義，於是我們藝術地活著。

關於感情，我們要表達的很多，有很近的，也有很遠的，有很深的，也有很淺的。我們想交流又想沉默，我們有時像神一般豁達，有時像魔鬼一般無情。我們不是瘋子，但在感情上，人人都瘋過，那是因為我們有敏感與脆弱的性格。

## 有關「心靈環保」

關於心靈，我們從來沒把它當回事，可是我們不得不相信它是我們生命的操縱者。對我們來說，物質生活無論多麼豐富也遠遠不夠，心靈是個深邃的世界，其中有我們的愛、我們的笑、我們的恨、我們的煩惱、我們的思考以及我們的希望。生活是個給心靈提供夢幻的地方，心靈是給生活創造藝術的作者。我們不停地回味過往的生活，也不停地寄託豪情與夢想，身體有形，心靈無限，現實有限，夢想無邊。

關於工作，我們有太多的勤勞和堅忍。起初我們有成就感和成功欲，我們以為盡忠職守是成功的唯一通道，可是我們想錯了，之後它成了我們的負擔，我們常常希望盡快交差，好好去休息或玩樂，但我們習慣了，儘管工作變得越來越討厭，但我們還是心甘情願地重複著同樣的勞動。誰都知道我們其實不是那麼情願，但我們已經屈服。因為生活絕不會是清風徐徐，垂柳依依。

關於幸福，是我們一生都在尋找的東西。後來才發現，幸福是痛苦結出來的果，它孕育在痛苦中，成長在我們的努力中。人們常說「痛並快樂著」就是這樣的：沒有痛，就無法體驗輕鬆和自由都是享受；沒有痛，我們也無法感知平淡也是一種幸福。「幸福總是別人有」我們常這樣想，只能說別人那樣的生活是我們的嚮往，而別人到底是否幸福，只有人家自己知道，而我們這樣想就是一種不幸，因為沒有人恩賜和憐憫我們，當然渴望也是一種孕育。

關於等待，我們已經成了習慣。小時候我們等待長大，長大後，我們等待幸福，比如，如意的工作、甜蜜的愛情、溫馨的家等等。人一生中有多少次等待，誰也說不清，那一份份美好的無奈，帶著希望從我們身邊溜走，時至今日生活依然沒有奇蹟，大概是我們的等待方式有問題吧，人生總有擱淺的時候，等待也是生命的需要。

生命中有太多的「關於」，不管是哪一方面，我們有時馬馬虎虎，有時提心吊膽，就像游走在大海裡的魚，內心裡充滿矛盾，卻又不能停止搖擺，搖擺像掙扎，又像尋找，像追求，又像淡泊。

事實上，我們都是無所依傍的魚，在騷動不安中，一次次地把自己流放出去，疲憊的時候，失落的時候，游回心靈深處，想一想人生，想一想生活，想一想幸福……

# 悲觀是人之常情

下午去上班的時候，警衛室裡有我的包裹，是「讀書品人生人氣獎」的獎品，一下子變得愉快起來。

我原以為獎品是隨身聽，打開一看原來是Apple的無線滑鼠。包裝好、滑鼠做工也精緻。滑鼠也是我常用的東西，無線的我還沒用過，對我來說是新武器。

連續寫文章已經五年了，得獎是意外的收穫，沒有我也會繼續，因為我喜歡與自己對話，也就是自言自語。這樣做，我也許是在認識自己，認識自己有什麼用？我常常這樣問自己。自從蘇格拉底（Socrates）說出「認識你自己」這句名言，人們都奉若真理，其實我覺得這是一件值得商榷的事。比如說吧，戀愛的男女在沒有澈底瞭解對方之前，一切感覺都是美妙的，一旦相互瞭解，別說美妙，就連相互的尊重也成問題了。

認識自己有好處也有壞處。比如說，可以發現長處，也可以認清短處，可以發揮優勢，但沒有發揮的餘地，唯有空餘恨。人往往或多或少都知道自己的短處，也就是因為知道所以常常有自卑感。有人說，只有認識自己，才能挖掘潛力。事實上這是紙上談兵，光認識不行，因為任何有意義的經驗，都是在痛苦中體驗而來的，潛力也往往是在重壓下突顯出來的，但是大多數人在重壓下打擊自己是輕而易舉的事。

當然「認識自己」還有其他方面的含義。比如說，我們是人不是獸，我們可以有道德也可以不道德，可以投機取巧也可以忠厚老實，可以與人爭利也可以讓利於人等等。任何認識都存在選擇。

生活中這樣的選擇很多。有人說，對待問題看你是樂觀的還是悲觀的；也有人說，樂觀的人會看到陽光的一面，悲觀的人大多注意陰暗的一面。還有人說，樂觀與悲觀與人的心境有關係。問題是人都必須面對悲情，我們生而為人最起碼都知道自己會死亡。

更有可能每天都會看到或聽到周圍人離開人世的消息，看淡生死又是一件多麼不容易的事呢。我們也知道每個人必須堅強地活下去，直到吃不動，走不動，只能坐在小椅子上看太陽，等日子。回首青春，我們都奮鬥過，可是無論怎樣奮鬥似乎都是給別人看的，我們自己是否做了一回真正的人？體驗過生活的辛酸苦辣，也享受過人生的種種幸福時刻，可是我們是否滿意呢？但什麼才是真正的人呢？怎樣才能成為真正的人呢？這些問題可以想，但我們都不會實現。因為我們都得有規有矩地生活。我們總是生活在有限與無限之中，比如說自由是有限的，能力是有限的，生命是有限的，而愛是無限的，希望是無限的，欲望是無限的。有限無情地制約著無限，也就是說許多事情我們只能存在於想像之中。我們往往會為實現想像中的某件事而努力奮鬥，成與敗我們都有遺憾，一是因為我們只能做其中一些事，二是因為我們的願望在無限地延伸著。人的悲觀情緒往往是因為願望無法達成而產生的，所以悲觀應該是人之常情。

悲觀是難免的，所以樂觀就成了生活必需品。我每天寫作已經有十年時間，到現在目的只剩下一個——尋找樂觀。主要從自己的內心深處排遣那些不快之事、之想、之情，能趕走多少是多少，趕不走的讓時間沖洗。

我們討論心境或心態，我覺得，無論是誰，心情都會像白天和黑夜一樣得交替著，自然創造我們生命的同時，也給了我們不斷變換的心情。而我們就像水一樣，遇風起波，遇寒成冰，遇熱成氣，無論哪種形態都是修煉，而我只是不想讓內心成為一潭死水罷了。

## 晚雪

今年雪來得很晚，所以我在那些無雪的日子，很是期待。這是冬天的第二場雪了，離前一場僅僅三天。

其實我對雪沒有很深的感情，就像雪不知道我是誰一樣。也不知為什麼，平日裡盼著下雪，雪下起來了心情卻有些亂。

下雪天是讀書的好日子，可是一連讀了幾個小時後就再也不想拿書了。人都有疲憊的時候，就像雪有停的時候；我讀書雜亂無章，就像雪下起來很沒章法一樣。

不知是不是天陰沉沉的，人的心情就有所壓抑；也不知是不是四周都靜悄悄的，人心就會煩躁。在這樣的日子裡，我是標準的宅男，可我對電視沒興趣，對電腦的興趣也一般，只是偶爾寫幾個字，以此來溫習一下所認識的那些字。

字在我眼前，就像眼前的雪花。讀書的時候，寫字的時候，無足重輕地在我眼前飄過，也有些文字在當時我覺得很重要，可是後來就漸漸地淡忘了，忘記喜歡過的文字也是無奈的，就像我忘記我寫過的好文章一樣，因為覺得它們還不夠好，我得繼續尋找，我得繼續寫作。

繼續是生命存在的狀態，就像這雪是冬季的常客一樣，它來了，人們覺得這還是個冬天，它不來人們感到缺點什麼。習慣是自然的，也是人之常情。在北方，前些日子各大報刊還為「晚雪」做報導，這就是習慣的力量，看來不光是我，大家都在想念雪了，下雪作為大事，不是因為它稀罕，而是因為它關乎生命，北方的冬小麥等著它救命呢。

今天的雪不大，可下的時間比較長，五六個小時過去了，它還沒有停下來的意思，我也不希望它停。魯迅說，雪是雨的精魂；我說，它是冬的風景。魯迅喜歡比喻，他總是在說事，說出來褒貶人；我喜歡直來直去，我寫字是為了享受，享受什麼呢？鍛鍊手指頭。我聽說過，腦子不好使的人，多動手指，腦子就能靈活一些，不知是不是被人誤導了，我用電腦寫了十年文字，不但沒有長進，反越來越健忘了。也許還是我練習的時間不夠吧，就像這雪它沒有下夠的時候，人們是不願讓它停下來的，但是誰又能管得住它呢？

天色漸漸暗下來了，我還能聽見麻雀的叫聲，大概是它們發愁了，到哪裡找食物呢？人世間的事總是有人歡喜有人愁。比如這雪，社區裡清潔工正在為明天怎麼掃乾淨而煩惱，農田裡的人們正在盼著多下點。我這個人，不關心農業大事，關心也沒用，歷來是哪裡受災了，捐些錢了事，不知道一年捐的好幾回款是否真能到了受災人手中？這個我也管不了，只能是響應號召，如此而已。

大多數人還是靠天吃飯的，冬天一直不下雪，人們叫苦連天，看報紙聽廣播又說有很多地方受了旱災，這麼說，這雪是來得晚了，晚得讓人害怕，讓人擔心，過些日子糧食是否會漲價？蔬菜呢？擔心和害怕最多的人還是老百姓。

雪，雖然來得晚一些，但它還是來了，它似乎是在告訴人們，老天是不會忘記你們的。沒有人責怪老天，老天也不會向誰道歉。從古至今，天災與人禍分不開。古時候，天災出現，迷信的人們說肯定是有些人沒幹好事，所以受到了老天的懲罰。用現代的科學觀來看，天災就是人為的，因為人們越來越不尊重大自然，大自然自顧不暇，哪有時間照管人類呢？更何況人與人之間越來越不相互尊重，總是在分個你高我低、你多我少、你貴我賤等等，人禍何止這些？總而言之，是人不讓人好好活著，而不是老天。

雪停了，我看了看，地上並不厚，像一層塑膠薄膜似的，蓋在社區的街道上，蓋在各家各戶的車頂上。

# 愛的風度

有一位朋友對我說，他曾經談過一場無意義的戀愛，他不知深愛的女子愛著別人，他癡情地做了一名候補隊員，最後是一場空。

我說：「失去東西與失去感情不同，前者有損失，後者卻能換來她對你的感激，也許她從來沒對你說過表示感謝的話，但你的愛，在她心裡永遠是一份珍藏。將心比心，就像有人曾經愛過我們一樣，你從她們的愛心裡能發現過自己的優點，還有無價的生命蘊意。」

朋友說，他有點恨她了。我說，當愛變成了恨，那就不是完整的感情，愛應該包括祝福，我們可以不把愛當作一種無私的奉獻，但要讓它變成一種理解，就像我們不能接受有些人對我們的愛一樣。人生中有許多柔情，別人不能接納，就會變成自己的痛苦。感情的天空，風雨太多，咀嚼痛苦時，別忘了有人也曾為我們的無情而痛苦過。

朋友無言，我知道他還是無法放下。感情這個包袱有多少人能痛痛快快地放下呢？前些天看電視，有一位老者把六萬多件古董字畫無償捐獻給了國家博物館，然後輕鬆地做一個平常人，每天坐公車去上班，不再擔心有人會算計他，用他的話來說就是「無寶一身輕」，那麼多無價之寶，就那樣無私地奉獻了，在許多人看來是不可思議的，而他認為是一件值得慶幸的事，不是因為他這樣做會得到許多人的尊重和讚揚，而是他這樣做讓他回歸了真實的自我。

真正的愛也像這樣的奉獻，它完全能讓一個人回歸自我。我勸朋友不要悔恨所付出的感情，愛就是一場春雨，滋潤被愛者的心田，無論是感覺到幸運還是幸福，都不能說她欠你的。如果她的芬芳不屬於你，那麼你已經給她了許多美好的日子，往後會成了她美好的回憶；如果恨，那麼也許會成了兩個人的心病。愛一個人，哪怕是空無回音，必然會獲得許多激情飽滿的日子。他人豔麗，自己欣慰，無論是因為什麼而愛，痛苦會有的，苦澀也會有的，但不管怎麼說，有愛的日子是人生最自然而光明的日子。

如果有一天，我們失望且沮喪地走地大街上，看花花不豔，看天天不藍，灰色的心境，灰色的日子裡獨嘗寂寞、品味孤獨，那個時候到處是淒涼的風景，滿心幽怨。這怎能與那些有愛的日子相比呢？男女之間講究巧合，也就是人們常說的緣分，許多日子裡我們是在尋找一份偶然。所以愛，沒有唯一，只有假如，這造成了男女之間一次又一次幸福的苦戀。沒關係的，只要心中有愛的影子，就讓我們來苦苦地尋找吧，而不是痛恨誰，埋怨誰，更不要絕望，也不能絕望。因為付出愛和尋找愛都是人生的使命。

我們來於自然也必將歸於自然，生命的寓意包涵著高昂也隱藏著低吟。人心與人心之間，不是荒漠連著荒漠，也不會是綠蔭連著綠蔭，而是綠蔭連著荒漠，荒漠也連著綠蔭。也許人類的理想就是想有一個綠蔭環繞的世界，可惜少有常青的生命之樹。既生愛，何生恨？怕只怕由愛生恨，造就人生的荒漠與恐怖。回望歷史的天空，小到個人，大到國家，往往是因愛生恨挑動戰爭，流血千里。

生命屬於我們的只有一次，如流星劃過，情愛如夢，別夢依稀，無怨無悔，既然愛過，就不應有恨，這是一種愛的風度。就像我們動情於一沙一石，一草一木一樣，無情物最終也會感化默默地答謝我們短暫歲月裡的那份愛心，不是嗎？

如果一個人，總覺得沒愛夠，那很可能是沒到過極其傷心的地步。關於愛情，絕望一次，才會真正地清醒與領悟。並不是所有的失敗，給人以啟示，但愛情的失敗絕對是一次改變自己的機會，可以說你不得不改變、參悟、思量、反省，最後往往成了身不由己的事。

你也許覺得很失敗，但在別人眼裡你可能很堅強；你覺得很悲觀，在別人心目中很可能是一種聰明的選擇；你也可能覺得從此以後生活對你來說意義不大，可是卻不知不覺中已走入新的開始。你學會了忘記，也學會了感激，感激那一次經歷讓你認清自己，認清處境，認清了你所嚮往的原來是一個錯誤的心願。

愛情是一段距離，在或遠或近中，讓你無數次丈量自己的心胸、能力、魅力等等，身臨絕境，你覺得高不可攀，或者是如臨深淵之時，你才會幡然悔悟，除此之外，你不會回頭，不是心存僥倖，就是勉為其難。一個人在這種時候，不甘平庸，已經平庸；不失自尊，已無自尊。這樣的絕境，都是人為的、心造的，愛情到了窮途末路之時，其實是別人在給你定位。就像一場車禍，不過，這一次傷的是靈魂，傷的很重，有缺氧的感覺，你感到血一直在流，渾身發冷，可是沒有人來救你，其實是誰也救不了你，包括你自己，你只能等待奇蹟。

也許，上天真的有好生之德，奇蹟會降臨在你身上，你慢慢地甦醒過來，你恨，你悔，可是你發現自己現在根本沒有力量，改變絕境，改變事實，你只有改變自己的方向和目標，這也是你不得不做出的決定。因為你發現，生命還是值得留戀的，因為有時能吃到可口的飯菜，有時能進入美妙的夢境，有時又能聽到好聽的聲音，比如，父母關切的問候，還有對你有意而你卻毫不留情的異性朋友的安慰。這時，你也許能明白過來，其實你也曾傷害過別人，只是你感覺不到疼痛。也許，她對你的願望，就像你對別人的願望一樣。

愛情，是人生的重要課題，必須完成，否則你無法畢業。於是在情緒穩定之後，你開始物色新的目標，不管你是否承認，這一次你說什麼也不會全身心地投入到愛情之中。你像一個射手，不停地射箭，雖然你不需要成為一個優秀的種子選手，但你必然會命中紅心，因為你從未停止過射擊。你成功了，婚姻也是必然的，否則你無法對自己交待，也無法向別人交待，但你不得不承認，你只認認真真地愛過一次，直到走入絕境。是絕境把現在的愛人送到你身邊，還是你把絕境拋於腦後了，都不重要。重要的是你找到了安慰，可安慰你心的，不是身邊的愛人，而是你自己，因為你沒有在絕境中淪落，重新站起來有尊嚴地生活著，好像從前的一切都沒有發生過。你有時也會想到那個把你引入絕境的人，像站在遠處觀望過去，才發現過去的一切讓你懂得了許多許多。

你甚至一輩子都不會原諒那一個讓你遺失真愛的地方，但你也會漸漸明白，人生中有些路是必須要走的。也許你一輩子順順利利，彷彿根本沒有遭遇過絕境，但千萬不能這樣認為，因為可能你正走向愛的絕境，人生中愛的洗禮是必然的。生活就是這樣進行的，你改變不了，就像你憑個人的力量無法改變環境一樣。

## 分析生活

生活，不僅僅是吃喝穿戴、衣食住行，生活應該有更多的內涵，比如追求財富、維護尊嚴、享受心情等等。

關於生活，我們所瞭解的都是發生在周圍的事情。總有人自以為是，認為對生活比較瞭解。其實瞭解生活，最應該瞭解的是自己。

人生大多數苦惱，第一是來自身體上的，第二個是來自我們對生活的分析。也就是說，分析生活是我們日常生活中苦惱的來源。

比如說，不管一個人的經濟狀況如何改善，買不起的東西永遠有很多，一個人不管收入如何不斷地增加，也可能他原來設想的東西都已到手，與此同時新的想買的東西又開始在心裡琢磨。人就是這樣，東西越多，越覺得缺乏，相對於以前，所缺乏的東西往往越來越難得到，於是讓他「快樂」的事，也就越來越少，也可以說讓他快樂越來越困難。誰之過？是錢財嗎？是他自己。

這與「滿足與否」無關，一個自以為擁有滿足感的人，往往是不得不「滿足」的人，其實人人都應該有一顆永不滿足的心，不要以為懂得知足的人，是真正懂得生活的人。

不知足應該是生命的原始程式碼，是繼續生活的前提。

生活看起來是那麼廣闊，像一片茫然無際的草原，有輕風也有暴雨，有花前也有豺狼當道，有月下也有疾風勁草，我們就生活在這樣的大環境下，不時地採擷一朵叫做幸福的小花。

但，生活並非只是生活。

比如說，我們總有無聊的時候，無聊是一件好事，因為只有無聊的時候，我們才思考著做點什麼。

## 分析生活

我們也有寂寞的時候，寂寞是我們心生願望的時候。有人說，願望即人生。比如，有的人沉湎於衣著髮型穿扮；有的人禁錮於家庭之中爭奪個人的地位；有的人喜歡安逸處事，總是怎樣順心怎麼做；有的人則比較放蕩，一些燈紅酒綠之所是他的愛好；更多的人深陷於對物質享受的渴望之中。

生活就是這樣花花綠綠的，我們總會分析它，稍微一琢磨才發現原來生活挺麻煩的，尚待解決的問題有一堆，除了近憂，還有一些遠慮，也可以說成除了生活用品的不充足，還有一些心情上的問題。

就是這樣，我們內心想做的事太多了，可是限於經濟能力，我們常常帶著願望和遺憾一起生活，就是因為有這兩種心情，我們才努力，不管怎樣我們都覺得值得。

分析生活，讓我們做了些與事實作對的事。與事實作對的結果難以預料，但不作對注定失敗，這是每個人都明白的道理。所以，不滿足是好事，有煩惱也是好事，雖然我們享受不起煩惱，但它不請自來，不享受也得享受，誰讓生活是一連串乏味的成功呢？

為什麼這樣說呢？因為每一次成功都帶給我們或多或少的幸福感，但每一種「幸福」都有讓人乏味的時候，它是不會停留的。

無論怎樣分析，真實的生活永遠以寬容的姿態與我們面對面，不管我們是消磨，還是打拚，是得過且過，還是日理萬機，擺在我們面前的是一條沒有盡頭的完美之路。

# 悲傷是另一種熱愛

人到中年，身邊的親人一個個離去，近來，還不到四十歲的幾個朋友也相繼查出病來，都是些要不了命但痛苦一生的病，有一個得了腰椎病，有兩個得了腎病。

其中一個朋友的舉動讓我十分感慨，他先在當地醫院查出腎病比較嚴重，很快會發展成尿毒症，於是什麼心思也沒有了，一心等死，他把用來買藥的錢，給三歲的兒子買了許多很貴的玩具，大把大把地花錢，帶兒子玩好吃好，整天愁眉不展的樣子。有一天，我的另一朋友勸他去大醫院再查一查，他就去了，醫生看到他的樣子，勸告他說，這種病很常見，好好保養，堅持吃藥，活到七八十歲沒問題，他一下子又有了信心。回來後再也不像以前那樣玩命花錢，厭世情緒也不那麼濃了。我去看望他的時候，他告訴了我這事，惹得我和其他朋友大笑，他也跟著笑，但看得出憂傷還是寫在他的臉上。

說起來我這個朋友，他十分要強，與我相比他身強力壯，而且對事業充滿信心，歲數不大就當了一個小工廠的廠長。為了增加利潤，他四處奔波，雖然很辛苦，但看上去總是很樂觀的樣子。可是查出病來後，他一下子變了個人，很明顯——沒信心活下去。還是醫生的話管用，現在他的態度改變了許多，朋友們也為他高興，他雖然意識到應該好好活下去，但卻沒有了從前的樂觀。

人的一生，健康和財富是最重要的兩件事，其他的事都是次要的，每個人都有興趣愛好，都有追求的目標。興趣的丟失，目標的失落會讓人感到失意。一個人不得志，悲傷徒然升起，有人借酒消愁，有人對花行吟，有人消極避世，不管哪一種情形，悲傷總在他們的心頭。有的人為了前程，寧可不要健康，那是他一生的心願啊，這樣做我們無話可說，因為人各有志，但是即便是代價慘重，許多人也換不來陽光燦爛的前程，唯有悲傷，悲傷是因為熱愛，這樣的熱愛看上去像是為了名利，實際上並非如此，因為名利的影子下彰顯著生命的渴望，一個人難改他做人的初衷，難得形成自己的做人原則，我們還能褒貶他什麼呢？我們褒貶別人不如褒貶自己，因為不同的人，想法不同，思想不同，生活習慣也不同，各有各的追求與愛好。我們常嘲笑自己，為什麼賺的錢總是不多。每當想起我們不能像有些人那樣日進斗金，悲傷就會從心頭升起。世界上太多的樂趣，因為我們沒錢與我們無緣，怎不叫人難過呢？這樣的想法，在一些假道學的人們心中，肯定是嗤之以鼻的，他們說閒庭信步是一種快樂，但那是不得已之後的快樂，也可以說平淡是福，如果人人都認為平淡是福，那麼這個世界就真的太平了，也就沒有什麼發展了。我相信，說平淡是福的人，只是說說而已，他是用這樣的話來勸慰自己，他真正想要的是並不是平淡。

當平淡成了一種奢望，那才能體味到平淡的快樂。透過我們朋友的家人，我瞭解到這些得病的朋友脾氣大變，本來是很溫和的人，動不動就發脾氣。我覺得那是因為他們心中悲憤，他們總想發洩，而最親近的人就成了受氣包。他們覺得不公平，老天什麼時候公平過呢？絕對公平的社會是不存在的：如果社會公平，也就沒有了等級制度；如果上天公平，人類也就沒有了生老病死。因為不公平，我們的悲傷就是難免的，但我們悲傷是因為熱愛，我們熱愛生命，也熱愛生活。然而生活總是那麼不如人意，有些事，我們能做的不是向生活索取什麼，而是只能在無可奈何中等待和調整，這其中有多少傷感的時刻，我們已經記不清楚了，但我們能說清楚——悲傷是因為愛。

生命就是一場戀愛，是死對生的愛戀，是生對死的痛恨。我看見過好幾位親人離世時都落下了眼淚，儘管他們已經不能言語，但這悲傷的眼淚已經告訴了我，他們是多麼愛這個世界，愛他們眼前的親人，可是當時他們只能用眼淚表達，表達著唯一的留戀。

## 寄給流逝的時光

時光，是一杯難以避免的苦酒，是一株長滿夢幻的野草，是一朵被流放的雲，是一種無法說清楚的情緒。到底是什麼呢？是煩惱。

當遠山漸漸茫然，當黃昏爬到身邊，踏著每日必經的下班之路，突然心生煩躁，這從天而降的東西，我不知道怎樣對待，怎樣處理，因為常常如此，雖然不一定是同樣的煩惱，但我覺得那裡面的內容應該是差不多的，可是我不知道具體是些什麼。

逃不過的，我試過。忘記了從哪一天，無名的煩惱就寄居在我心中，寂寞的時候，它不一定來，孤獨的時候，它也不一定造訪，但這兩種情景下，它來的時候多一些，來了就會住一段時間，好像是等我研究，比如成因，等我感受，比如過程。

很喜歡讀盧梭 (Jean-Jacques Rousseau) 的《一個孤獨漫步者的遐想》，可惜我沒有他那樣的情懷，也沒有他那樣的遭遇，更沒有他那樣的睿智。我只是一個普普通通的「草民」，會思考的草，有草一樣的年華，草一樣的身分，草一樣的希望與無奈，還有草一樣不為人知的煩惱。

真的，我像草一樣無奈地接受煩惱，任煩悶的思緒充斥著心海，就像剎那間全身的血液都在苦惱地流淌著，流動在我身體的每個部分，讓我不管是身體還是記憶處處充滿煩惱。

很不喜歡這樣，就像不喜歡自己的無知一樣，可是愚昧了這麼多年也默認了。很不喜歡自己的虛偽，比如說，在看到熟人之後強作歡顏，可是如果真誠，那就成了一種惡作劇，也會成為另一種虛偽，別人眼中的虛偽，如果說是真誠毀了真誠，那麼虛偽也毀了虛偽，可是現在我是在面對自己，也不能真誠一次嗎？不能。因為我說不清楚，我的煩惱是什麼。

說它是傷感吧，也可能是憂患；說它是憂患吧，也可能是追悔；說它是追悔吧，也可能是孤獨；說它是孤獨吧，也可能是虛弱。我知道，傷感是因為我不能夠面對人生，憂患是因為太看重生活，追悔是因為發現了不少生活的祕密可為時已晚，還有孤獨，這是一種近乎悲愴的事。再就是虛弱了，比如說，當身體背叛了靈魂，我再也無法坦然了，因為我不再屬於我。

此刻，我除了忍耐還有什麼呢？

## 丟失的能力

剛出生，人人都會哭，笑是後來跟著身邊的的人學會的。應該說哭是一種本能，笑是一種本領。

從前，我是個樂天派，喜歡與朋友聚會，也喜歡參加各種娛樂活動。這些年突然變了，我想是因為我老了，每當我說老的時候，老年人都會笑我——才四十多歲怎能說老呢？但我感覺到我的心比我的容顏老得快，表現在什麼地方呢？總是憂傷。

為什麼憂傷呢？真的很難說清楚，應該有「念天地之悠悠，獨愴然而涕下」的茫茫然，是人到中年對時光流逝的歎息與哀傷。一天又一天，日子如飛一般地流走，無影無蹤，不能回到過去，也不知道能有多少日子，多少黑夜與白晝屬於我。心情像一曲清遠的笛聲，總在寂寞之時響起，令我思緒紛飛，愁腸百結，沒有思念，也許有些留戀。沒有了浪漫，也許還有夢，可是想起從前，夢想一個又一個地破滅，心靈便會更加冷清與孤寂。

不知道我是在為生命短暫而感慨，還是為夢想的失落而無奈。雖然這樣，我還是很羨慕那些陽光之人，他們總帶著微笑，帶著問候，於是我捫心自問——我應該尋找一些快樂的理由。

然而心生憂鬱，能夠讓我開心的時刻總是短而又短，我很清楚，這樣的生活方式是一種錯誤，不僅迷失自我，迷失生活，連生命也有可能失去了方向。人生就是一個從生到死的過程，但是如果一個人把生命看成是一次死亡之約，那還能怎麼好好生活呢？也許人生的終點站並不重要，重要的是，如果是鳥兒，就應該展現最美的飛翔姿勢。而我是個普普通通的人，我應該展示什麼呢？展示憂傷？肯定不對。在憂傷中赴約，肯定不能與在快樂中相比，為什麼會不由自主地傷感呢？

是因為我遇到的挫折太多了，痛苦與沮喪讓我失去了做夢的勇氣嗎？有人說，失敗是成功之母，我覺得應該是後媽，許多人失敗之後還是失敗，是失敗的親娘把它寵壞了；還有人說，失敗並不可怕，重要的是要有信心、勇氣再一次向命運挑戰。這好像是豪言壯語，所謂「不惑」是不再被這些話輕易糊弄了吧。

事實上，面對現實，我的憂傷不是因為失去了夢想，而是感到疲憊。很想卸下擔子，享受寧靜，可是卻無法除掉內心的恐慌。很想平凡著自己的平凡，可是心有不甘。我知道是疲憊，讓我喪失了生活的熱情，開始變得對生活沒有了興趣。人生的所有追求，與精神是分不開的。想輕鬆、坦然地生活，也不是容易的事。但確實對於有的人來說，生活是無限美好與精彩的。我得向他們學習，也許生命是用來審美的，喚醒對美的認知，應該是快樂生活的開始。

## 天地為什麼不言

有一天，孔子突然說：「我永遠不想說話了。」這話說得突然，子貢大驚，就問：「老師您不說話了，也就是不教我們了，那我們有不懂的道理怎麼辦？還有我們怎麼向後人闡述您的思想啊？」

孔子說：「天地從來不說話，可是春夏秋冬四季照舊運行得分明清楚，那麼有規律可尋，萬物在天地之間，也照舊生長，天地何曾說過話呢？」（《論語》原文——子曰：

「子欲無言。」子貢曰：「子如不言，則小子何述焉？」子曰：「天何言哉？四時行焉，百物生焉，天何言哉？」）孔子的意思很明確，人何須講話？真正的道理看看天地就知道了，說那麼多有什麼用呢？越說越多，越說越亂，越說越煩惱。道理又何必要明白呢？明白了有什麼用呢？還不是以天地之道而生而活而死嗎？更何況真正明白之後，你有可能不知道怎麼活下去。

人常說，明明白白地做人。究竟誰是個明白人呢？天地之道，不明白才是最好的明白，明白了反而不好，為什麼這樣說呢？我們來看看天地是怎麼對待萬物的。

天地貢獻萬物給人們，可是它們並沒有居功，不想著占有任何一種東西，而是平等地對待。一件寶物，今天在你手中，明天也可能到了別人手中，天地不在乎。有毒的東西你願意吃就吃，你想給別人吃也行，天地不管。有害的物質，你願意釋放就釋放吧，天地從來不生氣，它們讓人類生生不息，人類自相殘殺也好，自我滅亡也好，它們也不說話，為什麼不說話呢？假如天地會說話，那麼它們的話人們也會當成耳旁風的，人們還是想幹什麼就幹什麼，說了不如不說，這就是天地胸襟。

事實上天地一直在說話，只不過很少有人能懂，它們從不修飾自己，而人們勉強為之包裝美化。它們一直單純，人們卻以為它們無比複雜，發誓要搞清楚其中的奧祕。它們一直多情，而人們認為它們相當無情。它們也有憂傷，而人們常常認為那是無所謂的事。美麗不需要張揚，痛苦絕不會呻吟，安靜之心不為所動，寂寞而不回憶所有的過往。它們還用說什麼嗎？

人就不同了，生活安逸卻覺得十分平淡，不知道怎樣活著才好。日日冷漠地看著車水馬龍，來也匆匆去也匆匆，誰知道他們在忙什麼？也許知道自己在忙什麼，可是不知道為什麼而忙；也許他們知道為什麼而忙，可是不清楚為什麼一定要這麼忙。有人說，他們在經營著自己的追求。這沒有錯，天地是這樣想的。有人說，他們在享受美好的人生。這也沒錯，天地也是這麼想的。有人說，人生就是來受罪的。這也沒錯，天地還是這麼想的。

莊子有句話叫「不亡以待盡」。意思是說，我們活在這個世界上並沒有活，是在那裡等死。他又說：「方生方死，方死方生」。他的意思是說，嬰兒出生，不是生，而是死亡的開始。老人死了，不是死，而是生的開始。這個世界就是這樣循環往復。比如說人，從小到大到老，你的思想和身體總在新陳代謝，舊的去了新的來了，最後不是沒有了，而是轉變成了另一種形態。這就是天地告訴我們的事實，天地無話可說，你還有什麼話說？

生死的問題，不管天地怎麼給人們用事實做出多少解釋，人們還是會討論不休。孔子的弟子子產是相當聰明的人，他說：「人道邇，天道遠。」人一生沒有多長時間，你好好地活著就行了，盡做人的本分活著即可；而地是那麼久遠，天是那麼恆長，天地所知道的道理你可以盡可能地想，你還可以認為你的思想到達了天地的境界。但有一個重要的事實存在著，天地來的時候就沒有人存在，它們消失的時候也可能已經沒有人了。天地應該也是在宇宙間迴圈的生命啊。

## 虛空之下的空虛

天虛空，地虛空；過去是虛空的，現在是，將來還是。無論黑暗，還是光明，天地之間，總是一片茫茫然，縱然時空不斷變化，虛空依然。天地間有萬物，但它們僅僅是虛空之間的一點點填充物，是那麼微不足道。

人心是空虛的，不做事的時候空虛，做事的時候也空虛。因為心在變化著，事前與事中不同，事先和事後又不同，且不說，有事做就是一種遺忘，空虛總是停留在那裡，就在那裡，無限的大。有時覺得比較充實，這時的充實好像一種自我安慰了，那麼短暫，那麼讓人不能踏實。

心不會停留在過去，也不會把握住今天。有永遠的過去，也有永遠的今天，還有永遠的明天，但沒有永遠的充實。我們所看到的僅僅是一種或幾種現象，我們所能感到的也僅僅是幾種意識，我們所能知道的僅僅是幾種想法，除此之外總是被空虛補充著。空虛長久，就像過去那麼遠，未來那麼長一樣。

如果說現在是充實的，那是因為我們有事做，有事想，頭腦被占據著，我們的思維簡單，同時容不下太多的東西存在，得一點一點地想，一件一件地做，可是想了一輩子做了一輩子，也不會把頭腦填充得滿滿的，留在腦海中的還僅僅是那麼一點點。大自然造物總會留有很大的空間，就像整個宇宙，它空蕩蕩的，其中有幾許點綴，包括人的大腦。

有人說，空即是不空。好像是佛家說的，我對佛沒有任何研究，只是隱隱約約覺得他們所說的「空」很好玩，比如說，煩惱是空的，痛苦是，快樂是，希望是，欲望是等等，一切都是空的，因為心是空的。我不知道，他們講的「四大皆空」是在說什麼。我只知道，空才能不滅，因為沒有什麼可以滅的，而不空卻很難保證。

心怎麼是空的呢？大概是因為它什麼也留存不住吧。比如愛、恨、情、仇，我們有力氣有精神的時候，把這些看得很重要，要麼愛得死去活來，要麼恨之入骨，要麼一生總為某種感情纏綿悱惻，要麼一生只為了報仇雪恨時的快意等等，可是百年之後千年之後呢？一切皆煙消雲散。

我們古代有句話叫「滿招損，謙受益」。我覺得把「謙」改成「淺」也行，因為謙虛，也含著淺薄的意思，至少是認為自己淺薄。作為人，在大自然中誰不淺薄呢？有人說，人是這個世界的主宰。我覺得，這是件一廂情願的事，因為人所看到聽到想到的畢竟有限。還有人說，人的心靈比天空還廣闊。我覺得，這是人自大的表現（當年恐龍大概也是這麼想的）。僅僅是地球上就有許多人想不到的事物，更不用說天空中、宇宙間了。

最讓人好奇的是生與死的奧祕，但至今還沒有弄明白，是不是有一天人會長生不老呢？誰知道呢？人類最大的心願就是怎樣不死。從古至今，人們都在努力實現這個心願。實現了會有怎樣一個世界呢？是不是不再有戰爭，不再有人欺負人、壓迫人、剝削人、消滅人的事了呢？想這些好像一點用也沒有，因為人一方面不想死，一方面想比別人活得更好，這不是很矛盾的事嗎？所以這個世界上只要有人存在，必定有你死我活的爭鬥。

我總是想，如果有一天，人真的能夠不死，並且和平共處，隨處可見幾百歲、幾千歲的人，那麼宇宙就快不存在了，因為天地間不再虛空。曾有人預言說，宇宙從前是實心的，最後爆炸開來，形成現在的這樣的天地，會不會有一天再一次爆炸呢？

不管宇宙炸與不炸，好像暫時與我無關。但空虛與我有關，因為空虛，我才寫這些亂七八糟的東西，就是為找點事做充實一下空虛的日子，其實是自作聰明罷了。

# 有關「心靈環保」

「心靈環保」是現在的新說法，事實上，從古至今，人們從來沒有停止過這項工作，只不過叫法不同，況且在工業革命之後，才有人開始提倡「環保」。

戰國時期我國有百家爭鳴之說，每一家都對守護「心靈」提出了自己的見解。莊子說：「抱神以靜，形將自正」（《天道》）這話的意思歸納為一句話就是養神有益於強身。他還說：「安時而處順，哀樂不能入也。」（《養生主》）意思是說精神放鬆、順其自然是最好的養生之道。荀子說：「治氣、養心之術也。」（《修身》）意思是說氣順心神則寧。孟子說：「養心莫善於寡欲。」（《盡心章句下》）也就是說除去私心可以清靜養心。管仲說：「老不長慮，困乃速竭。」（《內業》）意思是說，多用腦可以防老。法家韓非子說：「聽其言而求其當，任其身而責其功。」（《六反》）意思是說，一個人的修養需要社會來鑒定和公認，而不能自我標榜。墨子說：「知行之不在服也。」（《公孟》）是說人的修養不在外表而在內在。不同派別的人有不同的觀點。到了後來的漢、魏、晉有關養生、養心的論述就更多了，最著名的有漢朝班固在《漢書》提到的一些養心之道，晉朝葛洪的《抱樸子》更是後來人們的養生經了，他們不僅對前人的觀點給予總結，而且還提出了自己的觀點。

我們的生存環境看上去很寬鬆，實際上充滿種種緊迫，再加上工作的種種不確定性，誰不壓抑迷茫呢？我們生活條件看上去很不錯，實際上內心中總是不滿，為什麼會這樣呢？並不是我們不知足，而是我們缺少心靈的關照與呵護，是精神上的孤獨與煩躁造成的。由於內心世界的彷徨和迷茫，人們就容易在浮躁中喪失自我，迷失生活方向，總會感覺到無法體驗活著的意義和人生的追求，即使是很有錢的人，也活得很不快樂。為什麼呢？因為我們的精神世界與現實行為不能協調一致，換句話說，就是我們心神不能和諧相處，當然也就無法自然地生活了。有《黃帝內經》中的話就是「得神者昌，失神者亡」，意思是說精神是生命的主宰，不能統一，自然就會「天下大亂」（一人一世界）。

為什麼不能統一呢？原因很簡單，金錢社會誘惑眾多，我們難保心神守一。比如說，本來我們覺得這樣活著很好，可是一會兒看見別人那樣活著也蠻好，於是逐漸偏離了最初的人生方向和軌道，有的人漸行漸遠，再也無法回頭了。就像有人開始不喜歡打麻將，後來開始玩了，上癮了，再也不願意放下了，等到覺得這樣下去不好，想放下的時候，卻成了一種痛苦煎熬的事，思想已經無法指揮行動了。

有人說，學會放下！放下是那麼容易學會的嗎？放下不是學會的，而是一種決心。一個人心靈浮躁，他哪來的決心放下呢？我們知道一切都根源於心，根源於我們的思想，根源於我們有怎樣的精神意志。欲望也是心生的，可是太多的欲望長期占據我們的心靈，控制我們的靈魂，我們怎樣才能堅定自己的信仰和意念，讓自己的生活從容些，心靈環保些健康些呢？

人的一生就是一個悟道的過程。在這樣一個不確定的生活環境中，求生存，修心必不可少，最關鍵的是要求得內心的安寧與平淡，長期堅持下去，才能練成一種自然、開朗、平靜的生活態度。

「聖人不治已病治未病，不治已亂治未亂。」（《黃帝內經》）人心是各自內心世界的唯一聖人，所以「心靈環保」是從走回自己的精神世界開始的，而不是嚮往他人。

## 欲望的影子

也許是過了那個年紀吧，對於談情說愛的文章我不再感興趣，特別是那些帶著悲情色彩的傷感文章，雖然看上去是肺腑之言，句句含淚，但是我一點兒也不會產生共鳴。

多年前，我也寫過一些傷情之文，為愛呻吟過、傷心過，也得到過許多同時代人的同情與讚賞。這樣的安慰對我來說已經足夠了，因為後來我意識到自己缺乏愛的能力，而不是愛心。

而我寫的那些關於愛情的傷感之言，無疑是再一次獻愛心。可是該看的人不看，不該看的人全看了，這又何必呢？其實，即便是該看的人看了，也無法挽回我想要的被愛。在那時，我以為留在我心裡的悲傷與遺憾是一輩子的事，誰知道現在想來，一切都變得那麼無所謂，我明白了，那些年的傷感僅僅是我欲望的影子罷了。

這些年讓我傷感的事也不少，還是欲望在搞鬼。比如說，我想變得有錢，並且努力想達到這個目標，可是好像這是件很難辦到的事。再簡單一點吧，我想買套大房子，可是怎麼存，錢也不夠，眼睜睜地看著同事們裝修新家，我唯有傷感。我的傷感還有許多方面，比如，看著年輕人精力充沛的樣子，突然會覺得自己老了許多。還有聽說比我年輕的朋友們一個個不停地升遷，我依然是老樣子，怎能不傷感？

人說，四十而不惑。大概是覺得四十歲的人就把許多事看明白，也想得通吧。我這個人比較遲鈍，覺得自己仍有許多困惑，可能得到五十歲才不惑。不知道「不惑」包括不包括「看淡」，我只是覺得這些年，對許多事雖然想不通，但看淡了許多，比如說，爭名奪利之類的事，覺得自己沒有能力就住手，就像當年我沒有愛的能力，只會寫一些「獻愛心」文字是多餘的一樣。

「看淡」還有一個原因，就是我以為幸福的人其實沒有我想像中的那麼美好。比如說，有錢的朋友，再比如說，當了大官的同學，好像他們都是一個模型做出來的——面孔臃腫、身體肥胖。以前他們一直是我羨慕的對象，並且他們也是我向別人炫耀的話題，後來接觸了幾次才發現，他們心裡居然藏著更深的憂傷，我暗自竊笑，難怪他們變成了那樣。顯然，他們的憂傷還是野心與欲望在作怪，人家的欲望比我更高更遠，憂傷也比我更深更重。

不論是傷感，還是憂傷都是欲望的影子。一個人默默無聞地生活著，沒有名氣，沒有野心，可不可以活得快樂些？我不知道，我只知道，追求的名利附帶著讓人受傷的影子。

其實，誰在乎這個影子呢？全世界都崇尚成功、成就，有能力就往前衝，哪怕一路灑滿傷心的淚。只要能活在別人的羨慕眼神中，就有價值、就有意義。大概人生的意義就是這樣的形成的吧。也只有我這樣的弱者，才害怕欲望的影子，無為而淡然。

# 或是或非塵裡事

我常常想，許多年之後，春天來的時候，百花叢中，不再有屬於我的香味和繽紛，不再有屬於我的美麗和鮮豔。我的存在，像一個簡單的故事，但已經沒有人再提起。冥冥之中誰會與我有一樣的想法，雖然走在陽光中，卻擋不住留戀的低語，雖然伴隨著春天的腳步，卻像聽潮來潮去。

# 可不可以不成功

通常許多成功人士會說自己並不幸福。有一位成功者這樣說：「我很成功，但我一點也不幸福，真的一點也不幸福，成功的人一定不會幸福。」

那麼成功的人到底幸福不幸福呢？說他們幸福的一定是羨慕他們的人，渴望成功的人，說不幸的只有成功者自己，因為他自己覺得不幸福。難道真的是成功之後幸福反而遠了嗎？

「地位高，薪水多」是我們一般人認為的成功的標誌。為什麼實現了這個目標幸福感不添反降呢？我不知道，因為我不是成功者。但我看到過成功者的煩惱，給我的感覺是這樣的，他們吃喝拉撒的排場比一般人高級一些，但他們的內心嚴酷地鬥爭著，為什麼要鬥爭？是什麼在鬥爭？是感覺。一方面他們在他人羨慕的目光中感覺幸福，另一方面活得並不開心的感覺折磨著他們。古往今來，最成功的人是皇帝，翻開帝王史看看就知道他們又都是最不幸的人，大概是因為太成功了吧。這也應了另一句話「生命的意義在生命本身，成功只是一片華麗的浮雲」。

我不是成功者，我也很不幸福，因為想成功。成功有什麼好處，怕是很難說完的，不成功有多少壞處，恐怕更是一時半晌也說不完。哪怕有人說「人人追求成功是社會的病態」。但不成功就是痛苦的，會怎樣痛苦呢？不成功的人應該都知道。成功的人又怎樣呢？有人這樣說「我成功了，但我覺得自己已經努力到了極限，感到孤獨、無奈、惶恐、無法形容的痛苦和心力交瘁」。這樣的人能幸福嗎？但這話並不能安慰那些賣命追求成功的人，照樣會有層出不窮的人去追求成功，因為他們覺得不成功才是最大的痛苦。

現在有些人開始提倡「在沒成功時，放棄追求成功」。為什麼要這樣呢？因為聽了成功人士的告誡——成功並不幸福。也許是真話，但又好像是謊言，因為相信的人很少。我覺亦真亦假。

真實是因為生命是平等的。生命是一切的基點，無論成功與否，滋養生命的源頭活水不僅僅是金錢和地位。你有地位，尊嚴得到了很好的維護，但你並不一定能維護好健康，而且肯定地說你不可能維護好。你有很多的錢，可以享受很多的樂趣，但你的身體並不允許這樣，過多的享受就如同鴉片一樣，越吸癮越大，毒害也越深，所以原來覺得能產生樂趣的事，到了一定的時候就沒有什麼樂趣可言，你的感覺器官在退化，你可以享受的樂趣越來越少，你會覺得越來越不幸福。

虛假是因為人性中有個致命的弱點叫虛榮。你可以否認自己的虛榮心「很強」，但它始終存在著，它就在那裡，你承認或不承認，它始終不離不棄。不是因為等級社會使「成功」的價值人生觀滲透到社會的各個角落，而是人性中的「私心」總是驅使著自己要爭取「成功」。你成功了，你就是你所在的生活圈子裡的主宰。你不成功，你就是個連自己也無法原諒的罪人，你必須背負著恥辱感，有罪般地生活著。為什麼要放棄成功呢？你找不到放棄的理由，哪怕生命如流星般短暫，你也想著成功。你僥倖地希望能享受成功的時間長一些，可惜成功並不意味著享受，但成功確實能滿足虛榮心的要求。累死你也覺得「值」，因為你做的是「光宗耀祖」之事。也可以這樣說，成功是人性的牢獄，每個人都無法逃脫。所以有人說「人只有兩種，成功者和失敗者」。

面對「成功」，有過多少想法，多少衝動，遭受過多少痛苦，就不用說了，事實就是如此，很少有人能夠真正按照自己個人的意願來生活。「天下熙熙皆為利來，天下攘攘皆為利往」，司馬遷幾千年前的感歎是人們心態的真實寫照。為什麼要活得這麼累呢？不知道。我只知道，不知不覺我們都成了生存和生活的犧牲品。

## 脆弱的中年

中年是一個過渡期，也是一個煙雨濛濛的時期。生命依然，但不再多夢，雖然有些事情再也無法或無力去探知，雖然有些道理不用再深入理解，雖然不管老人還是小孩都把中年人看得那麼強壯，事實上，無論是身體還是感情，中年人最為脆弱。

面對現實，人到中年，總能想起「梧桐葉上三更雨，葉葉聲聲是別離」的淒婉之句，生命的秋色，總能把中年人帶入一種無可名狀的憂傷之中。是的，這就是中年人，這就是生命的憂傷。

生命就是這樣，走到一定時期，就明白了生命之真，沒有了更多的超越，也沒有了更多的幻想，每個人都變得越來越現實，真實地生活起來。

我常常想，如果說青春歲月我是在夢裡，那麼如今的中年，我還是在夢裡。雖然我的夢是那麼真實，那麼清醒，但我知道我逃不過時光的迷幻；雖然不再有青春之夢的困惑，卻多了生命的憂患；雖然不再有相思的長情，卻多了對子女的擔憂；雖然不再為明天祈禱，但多了不該有的惆悵。

我常常想，許多年之後，春天來的時候，百花叢中不再有屬於我的香味和繽紛，不再有屬於我的美麗和鮮豔。我的存在，像一個簡單的故事，但已經沒有人再提起。冥冥之中誰會與我有一樣的想法和一樣的私語，雖然走在陽光中，卻擋不住留戀的低語，雖然伴隨著春天的腳步，卻像聽潮來潮去。很可惜，我不會凝成一尊傳說中的化石，我只能是很久很久以前一個孤獨的流浪風景，那份最初和最晚的留戀，已淹沒在很深很深的歲月之河中，沒有停泊，也沒有了記憶，只有滄海桑田，像一首在無人的曠野中飄零的歌聲。

生命是一份美好，每個人獨有的美好，可是我無法形容中年，因為走在柳暗花明中。雖然努力走完一生便是最有意義的事，但中年的努力卻是一種堅持與忍耐，是一種包容與回味，忍耐是靜默的忍耐，堅持是無奈的堅持，包容是理解的包容，回味是珍愛的回味。很難不想念走過的路，點滴或片段，哪怕支離破碎，憂傷或溫情，哪怕模糊縹緲。

人到中年，心容易醉，酒不醉人人自醉，唯有醉意才能忘記憔悴，但無論如何也忘不了，歲月在悄悄地流逝。隨風了，過去的、現在的，都隨著季節的風散落天涯。

幾乎來不及回憶，彷彿不曾當過兒童，幾乎未感覺到什麼是年輕，就走在老去的路上，不願醒來的清醒，真的，是夢啊。天空還是那麼藍，大地又是一片融融綠色，鳥兒的歌聲，還有那彩雲，都是那麼熟悉，可是怎麼就失去了從前的快樂？

我知道，我最珍惜的原來是最虛幻、最孱弱的東西，它普通至極，它也寧靜、深遠。匆匆地來，也匆匆地去，在每一個中年人的身影之後，我看見那帶著溫情的光芒。

## 煩惱的好處

什麼是煩惱？煩惱就是癡迷與憂患。

# 煩惱的好處

人在癡迷某種事的時候會煩惱，人在憂患意識中會煩惱。癡迷是因為有欲望，或貪婪或不滿。憂患是因為有顧憂，或恐懼或擔心。這些都是人之常情，誰都不想煩惱，誰又都會煩惱，其實煩惱並不是一無是處，因為人在煩惱之中能發現自己。

發現自己什麼呢？比如說，煩惱的時候我們會發現自己的無知，自己的虛偽，自己的真與假，還有自己身體的虛實，能力的高低，人際關係的好壞等等。

人生注定充滿煩惱，人都是不甘寂寞的，因為對生活充滿希冀與渴望，所以每個人都會煩惱。還因為每個人都不能保證自己健康長壽，長命百歲，即便是知道自己能長命百歲又怎能不對病痛與死亡憂慮呢？何況我們不知道。

煩惱是難免的，但煩惱是人生實踐的一個過程，它能讓人成熟，它也是一種磨礪，讓人考驗自己的意志與耐力；它還是一種比較，讓人增加生活的勇氣；它還有可能成為一種經驗，讓人懂得平淡是福的真意。

從大的方面講，當理想破滅，事業受挫，煩惱會久久地停留在我們心中。從小的方面說，當對某些事情感到力不從心之時，我們也會煩惱，比如經濟窘迫，愛情無定等等。有時候理想破滅不是我們努力得不夠，有可能是理想不切實際，但我們始終認為那應該是完全能夠實現的，只是我們受到了干擾或謀算，或者是我們無可依靠而能力有餘，這種情況是讓人最為失望的，失意之人煩惱事多，但你從整個過程中，完全能看清他人和自己，認識自己也許比看清他人更重要，因為生命的價值不是為了依靠，也不是為了實現某個願望，比較那個願望與自我價值的輕重，就能知道我們為其煩惱與消沉值不值得。

事實上，煩惱的時候多了，人會變得冷靜，這好像是個悖論。這話對不對，煩惱的時間長了就知道。冷靜有什麼用呢？依舊是惆悵，依然是悶悶不樂，但不知你意識到沒有？煩惱其實是一種感情。因為我們不是感到屈辱就是委屈，不是感到痛苦就是感到沒有安全感。

我們從這種感情中能發現什麼？不是遺憾，也不是失落，更不應該是追悔，因為這些都是沒用的。當然，也不能是懷疑，也不能是放棄，更不能是輕視，因為這些對生活有害無益。我們能否從中學會自愛，尋找新的希望，確立新的生活目標和方向。

煩惱時時來襲，它能使一個原本堅強的人變得灰心喪氣，使一個脆弱的人更加怯懦自卑，煩惱的時候，人是最善於打擊自己的，一個人經常打擊自己是人生最可悲的事。煩惱讓我們發現，一個人在煩惱中常常會否定自己，懷疑自己，讓希望黯淡，讓信心喪失。換句話說，就是煩惱之中我們在不停地打擊自信，自信心的缺失完全會毀滅本來有希望的人生。

其實，能在煩惱中發現自我，需要修養，需要境界，事實上，這種境界恰恰是在煩惱中找到的。所以儘管人生會煩惱不斷，而怎樣生活卻取決於我們對煩惱的看法和認識，也許就是這些看法與認識，決定著我們的命運吧。

## 有關迷失

深愛一個人往往會使人迷失，這種事在許多人身上發生過，當然有的人迷失的時間長，有的人迷失的時間短，有的人從此一蹶不振，有的人甚至於做出了極端行為。

愛一個人很深很深往往會失去，戀愛中不管男女，發現被人深愛著，內心中就會有壓力，就會感到失去內外的空間，不自在、不自由，做事情很難放得開，就開始不自覺地逃避起來，最後可能發展到不歡而散。

失戀的打擊中最關鍵的問題就是容易迷失，迷失方向，迷失真性情，迷失自我，身邊那麼多美好的東西可以視而不見，好像他就是為一個人而活著，他每天所思所想的就是這件事，其他的好像都是小事，可這種事越想越迷惑，於是自卑來了，忿恨來了，說穿了這種事就是越想越覺得沒有尊嚴，不同性格的人表現不一樣，相同之處就是變得盲目，大有因為愛情而放棄一切的苗頭。

失戀，許多人討論過，也有太多關於戀愛的書開導人們。但關於迷失，還有其他現象，比如說，我們與某人吵架了或與同事有矛盾了，在一段時間內，你總是想著這件事，想報復、想對抗等等，特別是剛讓你生氣那段時間，你的心裡就沒有別的事了。有的人心胸狹窄，記恨很長時間，而且看見那人就生氣，總是不斷地說人家壞話，他以這樣的方式報復，事實上，說別人的壞話多了，會被聽眾小瞧；有的人生氣時間不長，過後就不再考慮了，這樣的人一般不是有多麼豁達，而是他比較理智。

無論是與人生氣還是遇到不高興的事，人都容易迷失。主要迷失的是方向、生活的方向、做事的方向。所謂一心不能二用，人的思維是直線型的，一件一件事地想，為了某人或某事而耿耿於懷，只把心思留在某一方面的人很多。過去我們看武俠小說，說某個人活著就是為了報仇，他勤奮練功習武，就是為了殺死仇人。我們看書的人覺得他很有志氣、有毅力、有決心，最後手刃仇人大快人心。如果這樣報仇一代代傳下去，那就會周而復始，生命就是為了報仇雪恨而存在的，幸好真實的生活不是這樣，報仇的故事大多是想像而來。因為有的事情可以癡心不改，有的事不值得也沒必要，執著不如放下。也許活在仇恨中會成為一種境界，但人生的奮鬥目標只為了打殺，那就成了笑話。更好的活法是活在愛中，這也可以成為一種境界，當然愛不僅僅是情愛。你還有父母，沒有父母之愛是成不了人的，沒有朋友，生活就有更多的孤獨與寂寞；還有社會上有許多人給過你幫助，當然也有些人給過你打擊，如果一個人僅僅是選擇為報復而活那不僅僅會迷失，而更像一條記恨的狗。有的人很窮，但能夠堅持不懈地做慈善事業，他付出愛心得到的是內心的快樂與平靜。而記恨的人一般都是很自私的人，美國的石油大王洛克斐勒（John D. Rockefeller）曾經是一個極度自私的人，晚年他有多種病，醫生勸他放棄工作，說不放棄有可能失去生命，面對可能失去的生命，他選擇放棄賺錢，其實他的錢多得已經花也花不完了。後來又有人勸他做慈善事業，說這對他病情的恢復有好處，他就做了，結果真的對他病情的好轉起了很大的幫助作用，並且使他度過了一個比較平靜的晚年。

迷失就是看不開，人一生，有很多事情可以做，有很多人可以愛，有很多的仇怨可以放下，有很多的恩情需要記住。如果迷失在一件事中，那樣就有可能毀掉一生。有人說不是性格決定命運而是選擇，事實上怎樣說都有一定的道理，因為選擇與性格、境界、修養等都有關係：你選擇從容，日子就是平靜的；你選擇偏激，就會在盲目中度過，有些事等你冷靜下來，可能已經發生了不該發生的事。

## 一個人的浪漫

一個人心靈的穿行，有過多少次激動與遺憾？怕的是激動之後是淡漠，遺憾之中是疼痛。

生命中的過往如花瓣一樣，落地無聲，只是偶爾駐足間，留連或者回望。我不喜歡回望，怕靚麗灼傷了心，怕歎息淹沒了希望。

時光一如既往地安靜與平和，季節卻隆重地變換著臉色，我無心留意季節的臉色，只是在時光的穿梭中，感到絲絲的無奈與悵惘。

是的，無奈，生命中最大的無奈是身不由己地成長。任憑那些靜靜流淌的心聲，像溪水一般，遠去，遠去，任憑那些期望一個個落空，像事先安排好的結局一般，讓人沉默。

我相信，這個世界上，只要是有知覺的東西都會感到痛苦，無一例外。只是這其中伴隨著點滴的幸福，給人安慰。當幸福成了一生的嚮往，我把日子一天一天地遺忘。

更多的是平淡，平淡的幸福是最容易被遺忘的，就像平淡的生活，突然有一天連平淡都沒有了，才感到有點後悔，後悔什麼呢？又說不出來。有些憂傷，有些失落，可都是自己的選擇，都是自己的安排。

看看周圍的人們，都很忙，大概是在追求他們想要的生活吧。而我也有自己想要的，比如財富，還有浪漫。而財富到來我又不敢奢望太快，來得太快，必然是濁富，濁富多憂，不如不要。

在我的心裡一直有某種浪漫情調，說不清是在微風中，還是在細雨中，想不起是在偶遇中，還是在音樂中，但肯定是寧靜與悠閒的時候，有人陪我，走啊走，是在鄉間的小路上，還是在城市的街道上，記不清了，反正是在溫馨中走過了平凡的一天，讓我永遠難以忘記。聽一首歌，畫一幅畫，養一株小草，都是我喜愛的事，但總覺得缺少什麼。撫摸夕陽，仰望星空，留戀月光，也是我常做的事，可是總覺得有一絲淒美在心頭。喝杯茶，寫一篇短文，參加一項運動，也是我的愛好，可是我總有一種流浪的感覺，像一個小孩，自娛自樂，忘了回家的路。探訪城市的廢墟，走進古建築中，穿行於城市裡的老巷子，休息的時候我就去，目的只有一個，讓滄桑之感浸染心情。我也愛攝影，春天裡的花、夏天裡的人、冬天裡的雪，我不照，我心中的美麗是別樣的，比如，秋天裡樹上的果實，靜坐中人們的神情，特別是那些坐在一起的老年人，笑是別樣的笑，憂是特別的憂。我覺得攝影應該成為一種召喚，喚不醒心中的某些東西，就不是成功的相片。

我的浪漫情調很多，可惜我不是一個浪漫的人，情調是屬於內心的，浪漫是屬於眼睛的，就像在街頭看見美女一樣，眼睛的愉悅常常會造成心靈的遺憾。所以我選擇遺忘，忘記一朵花的美麗，沒有什麼，忘記花香的惆悵才是一種折磨。生命中的情調總帶著苦澀的欣慰。

其實，遺忘也是一件很浪漫的事，當想記住的記不住，想忘記的偏偏想起時，都是浪漫惹的禍。我知道，忙忙碌碌的人群中，有許多人在尋找浪漫，當然，缺少金錢的浪漫是無法美妙的，缺乏激情的浪漫也是難以維持的。

我的浪漫，也許與錢財無關，但我的心情總是與生活討價還價。我也知道，我的浪漫，潛伏在我嚮往的地方等我，像初戀的感覺，歲月蹉跎，但那種感覺一直還縈繞心頭，原以為是可以忘記的事，卻一生難以忘記，也許是不想忘記吧。

## 找不回的感覺

追求一個人，起初是快樂的，後來因為越追越遠，就成了一種煩惱。這種事很多人經歷過，若是彼此從來沒得到過就會成為心病。

有的男人看見他曾經追求過的女人，十幾年後變得又老又醜，不由得露出得意的笑容。歲月替他完美地復仇了，但無論如何也無法揮去他心中的失落感。

是怎樣的失落呢？無非是尊嚴的委屈，男人心頭的疤痕往往是有人對其自尊心衝撞後形成的，可是男女之間這種仇恨最好的復仇方式是成為夫妻，歲月的報復對男女同等，雖然有老去的快慢之分，但內心的滋味卻不分彼此。有些人寧可高傲得發黴，也不願委屈自己的戀愛權。

我遇到過這樣的一種情況，男的成了他追求過女子的頂頭上司，有一天趁酒興對女的說，如果可以重新開始我們有沒有可能呢？誰知那女的說，如果重新開始我也不會選擇你。男的氣得直翻白眼，周圍的人立刻解圍說是開玩笑，但這樣的玩笑在知情人心中顯然是有幾分真意的。本來是想直抒胸臆，卻讓人家弄得不好下台。這樣的報復不僅差勁，也顯得沒水準，貽笑大方。

其實，愛更像一種品味，不合口味是怎麼也不會走到一起的，有些人可以臭味相投，但大多數人是不會將就自己的。愛的失敗者，對曾經愛過的人，會耿耿於懷。有人冷漠，有人痛恨，因愛生恨都是正常，比如，有些人就得不到所愛，而詆毀愛過的人。每個人都在時時刻刻尋找著屬於自己的感覺，怎樣的感覺呢？也就是自己覺得痛快與舒適的感覺。喜怒哀樂無不是為這種感覺而生，愛恨情仇也都是圍繞這種感覺展開。

犯傻追求一個人，也是一種快樂，至少你覺得追求人家就是一種快樂的行動。你所有的快樂建立在對方的誘惑之上，你願意讓人家澈底誘惑下去，直到你疲憊不堪。有時想一想，人家是曾經給過你快樂的人，為什麼要恨呢？當然是你覺得人家欠你的，感情是最容易拖欠的，你大方地借了出去，不但沒有利息，而且血本無歸，你怎能不生氣呢？生氣是撫慰自己的一種方式。就像你曾經說「我永遠愛你」，不管是誰以後聽到這樣的話要理解成「我希望永遠愛你」。有的人覺得既然「你永遠愛我」那麼我找別的人結婚，你也會永遠愛著我，那是一種怎樣美妙的人生呢？其實說永遠愛你，是給自己一個希望，給對方一種感覺。人都是活在感覺中，哪怕是一時一刻的美好感覺，都是人活著的樂趣與意義所在，是無價的。但愛情的承諾，只有在愛情存在的情況下，才有滋味，否則是無味的。

人一生都在尋找感覺，曾經的歡樂過時不候，愛情中的缺憾無法彌補，那是一個逝去的願望，逝去的感覺，真的無法找回。

## 有些記憶

有些記憶，要聯繫某些地方，才想起。

以前和你待過的地方，早已人去樓空了，總覺得沒在那個地方就不常想起你。

這次我回到那個地方，記憶如潮水般湧上心頭。

你不再像以前那樣，走路匆匆忙忙，而是平靜了許多，沉穩了許多，而我熱情消退之後，彷彿有些遲鈍了。這次不經意間回到那個地方，才覺得氣氛已變。

是的，某些記憶，總想深藏在內心裡的某個角落，時間越久越覺得珍貴，可是越珍貴的東西，越不敢去碰、去想，我寧願忘了它的存在。總是在百無聊賴的時候，總是在心若止水的時候，總是在登山遠眺的時候，突然想起你，如果你在身邊，會是怎樣的情形呢？

有些事不會隨著時間的推移而淡忘。儘管時光比我們想像中跑得還快，可是想起你就像一種生命的提醒，遠處還有一個人，還有一段情，儘管像夢一般，儘管那麼不真實，可是那段美好的時光彷彿住進心裡了，尋遍全身，沒有比它更珍貴的了。

不敢去回憶，可是又忍不住不回憶，我似乎沒有把握好生命的節奏，又似乎忘記了珍惜，因為與你在一起的日子，比飛還快。人生有一種痛苦叫貧窮，比貧窮還痛苦的可能就是孤獨寂寞了。不知你的感受如何，我那時毫不吝嗇地揮霍時光，只是為了和你在一起，在一起也沒有其他的目的，可能是我恐懼有些時光的難熬。

和你在一起的感覺真好，如果現在讓我說出是怎樣的一種感覺，我還真說不清楚。這樣說吧，那是些沒有失落，也沒有空虛的日子。每一天都是節日，每一次相遇都有一種幸福感。其實，我們都沒有說什麼，也沒有表示過什麼，這正如人們說的，幸福只是一種感覺。

時光匆匆，幾年過去了，如今我們已不常見面，如果離別是命中注定的，那麼相逢也是老天安排的。就是這樣，某些相遇是想不到的，某些地方是忘不了的，某些人是可遇而不可求的。

回憶總帶著感情的煽動，這些年我已不講感情了，可是那玩意，不講不說也逃不過，離不開。這些年我也不再天真地尋找彩色的夢了，只是在夜深人靜的時候，在沉默的時候，就會突然看見，有個人向我走來，笑靨如花，是你嗎？說好了，就把你深藏於心吧，可是這樣只能騙得過別人，騙不了自己。

一直有個問題在心中，卻從來沒對你說過，如果生命能重來，你是否仍願意把一生的時光消耗在我身邊呢？這樣的傻問題，像電影情節裡的，可那時真的想問，就是沒有說出來，一方面是想說出來時就心慌，另一方面，怕一說出來，溫情不再，可能踏進了天堂，也可能掉入地獄。地獄並不可怕，只要有你相伴。這樣的話也像劇本裡的。可是我知道，我們都活得很現實，一如我們只能面對面地想念彼此一樣。

在這人情冷淡的環境中，在一天又一天毫無意義的忙碌中，真的很懷念，可是懷念是沒有用的，人在苦中才會想念甜，就像我在日復一日的寂寞中，喜歡去回憶一樣。

## 永遠不說

很多年了，我一直沒說過那句話，也不打算說了。在以前，我是準備說的，總以為條件成熟之後，我會說，可是一年又一年，才發現，怕今生沒有任何說出來的好時候了。

其實這句話很簡單，誰也會說，很可能每個人都說過，就是那句愛上一個人最喜歡說的話，或者說被愛的人最想聽的話。

當我發現，這句話是所有走入愛情中的人們受傷的開始後，我就不準備說了。我可以遠遠地看著你在心裡說，也可以靜靜地聆聽你的聲音用眼睛說，還可以看不見你的時候默默地說，但絕對不會讓那句話變成我的聲音。

愛許多時候是不用說出來的，看一看，聽一聽就足夠了，可以默默無言地品嘗一下相思的滋味，也可以認認真真地體會一下失落的感受，還可以把希望寄託在未來或更遠的時光中，就是不能說出來。

因為說出來，有可能會成為謊言，也有可能失去尊嚴，更有可能成為痛苦的開始。所以我就是不說，打死也不說。還因為說出來，你可能不相信，也有可能你相信了，我卻不能相信自己，這是一句承諾，說話的時候想過為自己的承諾負責嗎？的確，我沒有徹頭徹尾地想過，就不說了，好像這樣的理由不是很充分。

我想過很多天了，不說出來的原因，有很多。首先說出來是想讓你也愛上我，可是我也知道許多人拚命地打扮自己只是想證實一下自己的魅力——讓你得不到。好像是暗示，實際上是藐視；好像是誘惑，實際上卻是陷阱。這種陷阱有時候，男女同時落入，到那時所有的美好印象蕩然無存。

還是不說好，我甚至想到，永遠不想讓你知道我的心思，我有權暗地裡喜歡你，也有權愛上不該愛的人，更有權讓你不知道我心裡想什麼。這樣你不指望我來，也不厭惡我去，既然愛過沒愛過你都不知道，誰也不會有愛的痛苦，也不會有悲愴的離別。

這樣做是不是有些殘忍呢？我的殘忍是不想用愛來傷害誰，我的殘忍是不下賭注的殘忍，那句話我一直認為是一個賭咒，輸贏沒有兩樣。看過太多說過那句話的人，幸福被淚水淹沒，所以打死也不說，我寧願被思念淹沒所有的感覺，也不想把可能的幸福丟失。

是的，我永遠不說，除了期待與微笑，我還可以等待。有情就有債，有誰想過，當一段感情開始，第一次簽單的就是那句話，不管是誰簽的單都會有債，哪怕是心甘情願地付出，哪怕你說過不用我歸還，可是情盡的那一天，必然是心碎。

永遠不說，我依然可以懷念你，讓那句話成為提前逝去的諾言，也許提前逝去的會成為永恆。就像人們在教堂裡宣誓一樣：無論身處逆境還是順境，無論是健康還是疾病，都會愛對方嗎？我們都沒有說「我願意」，但我們永遠不會說再見，至少我的心永遠不會與你再見。

好了，永遠不說。如果心靈的哭泣不需要眼淚，那麼我的愛也不可能靠一句話來成全。

# 人生的空地

學校的圍牆內有塊空地，每年春天，警衛就忙碌著種地，其實他不會種地，他退休前一直在工廠裡上班，後來實在沒事做就到我們學校來看門。

看門就看門吧，可是一到春天，他就想種地，為此還專門買來書學種地，為了種好那塊地，有時還跑到菜市場問菜農，他很細心，把那塊地分成了七個小塊，種上茄子、辣椒、番茄、蘿蔔、香菜、豆角，最後有一塊就種了玉米，人們都笑他，因為以前有人種過兩次玉米，都是顆粒無收，大家都說沒得種就別亂種。可他卻說：「即使沒有收成，也不能讓地空著，如果一直空白著我就覺得對不起這塊地。」

他這話別人聽完後是一陣笑聲，而我卻覺得，這話富有哲理。也許是為了證明這話的分量，警衛對那小塊玉米地特別用心，從選種到經營，真是一絲不苟，去年八月底的時候，居然個個都有大玉米，最後可想而知，我們跟著老人家一起吃了煮玉米。人們覺得奇怪：「為什麼別人種的只長苗不結果，而你就能行？」老人的回答出人意料：「我對得起地，地也對得起我。」後來我們才知道，真正的原因是前兩位也種地的警衛貪便宜買的都是市場上的假玉米種子。「只要用心就有收穫」，吃著老玉米時，我突然想起這句話來。

這事過去一年多了，今年老人家又忙碌著種地，看著他忙碌的樣子，我又想起他那句話——不讓地空著。也許他是覺得地裡的養分就應該有莊稼或蔬菜來吸收，或許是他覺得與其空著不如利用，閒著也是閒著，何不充分利用呢？這讓我想起生活來。

比如我，如果有一天不看書寫作就覺得生活空蕩蕩的。有時候因為事多實在沒時間或者說不想充分利用時間來看書，偷偷地原諒自己一次，可是如果第二天依然如故，不用我暗自責備自己，心裡自然會產生一種莫名的傷悲——怎麼能這樣得過且過呢？

其實儘管我這樣自責，我的人生依舊有許多空地——愛睡懶覺，愛在街頭看打牌、下象棋，有時候還會與其他圍觀者生閒氣，還有時候在電腦裡打牌，一玩就是幾個小時，儘管玩過之後覺得心裡一片空白，還是會對自己說：「就這樣吧，要不怎麼打發日子呢？」是的，我是個善於打發日子的人，比如，晚上看電視劇一直能看到入睡。第二天心裡想著做點正經事吧，突然看見有好玩的事就忘了內心的承諾。

我知道，警衛種地，不只是為了收穫果實，更最重要的是為了收穫某種心情。就如同我並不是要求自己一定要成功，只是覺得應該把多餘的時間利用起來。帶著功利思想的旁觀者，等著再次嘲笑警衛顆粒無收的樣子，但他們失望了，其實他們可能不知道老警衛是雙豐收。

土地是寶貴的，生命亦然。土地留有空白，有的人不會心痛，哪怕這塊地是他自己的。生命留有空白，有的人也不會心痛，他會覺得無所謂，反正日子有很多，真的嗎？也許他也感覺到應該做些什麼，但不知道做什麼好，會做什麼？其實，人就像地一樣，荒廢已久，真得很難再有更好的收穫了，即使你潛力無限，可是你自己不開發，誰來開發呢？

世上有多少空地不被人利用，人生就有多少空白被忽略了。也許這個比喻不恰當，但我真的不知道，世上有多少空地，一直閒置。我也更無法計算，這前半生有多少可利用的時光被我棄置，後半生還有多少時光將被浪費。

## 生氣的想法

因為一件小事，我很生氣。因為我覺得自己做得對，當然，生氣往往是這種情況下產生的，有理就應該生氣嗎？但人總是在這種情況下生氣了，因為有理。

當別人認為錯的是對的，你生氣；當你的尊嚴受辱時，你生氣；當你的利益被人侵占時，你生氣，等等。但生氣這種事，對自己傷害很大，對別人卻無礙。有時候，我們不講理地對待別人一次，覺得很過癮，因為我們看到別人生氣了，我們覺得自己是勝利者。反過來想一想，我們生氣的時候，也往往是這樣的，別人得意洋洋，而我們不是義憤填膺，就是氣急敗壞。有這樣的情況，當我們十分生氣的時候，往往會想到一些不講理的報復行為，只是為了把那個讓我們生氣的傢伙搞臭、打敗。在沒有適當的機會下手之前，心中的悶氣一直儲存在我們的身體裡，讓我們失眠，讓我們懷恨，讓我們詛咒。

性格內向的人，一般不善於釋放。外向性的人逢人便說，無非是想要把那股怨恨釋放開來，這樣就會讓自己覺得心情好受一些。其實，有些事值不值得生氣，就看你能否想開，其實想開是件很不容易的事，即便是很有涵養的人也有想不開的時候，更不用說我們這樣的普通人了。

莊子講過這樣的一個「虛船觸舟」的故事，意思是被空船撞了，另一個船的人不生氣，如果是被有人的船撞了，那肯定會生氣。看來我們生氣往往是只對活物，也就是對有意識、有思想、有頭腦的人或物生氣。再比如，被人絆倒了，我們肯定很生氣，如果被石頭絆了，生氣的程度會大打折扣，因為沒必要，你不能跟石頭講理，可即使我們砸爛石頭，最後總結經驗教訓，根本的原因只能是怨我們自己，走路不小心。

許多事，表面上看起來是別人的錯，實際上是我們自己的錯，責人不如責己，大概就是這個道理吧。生活中，我們可以把某些人看成是「空船」或「石頭」，既然無理可講就算了，若是你寧要講理，就等著「氣」越生越多吧，生氣肯定對健康不利，可氣只能是自己生，如果被氣死了，也只能是自己要了自己的命。為什麼面對「空船」和「石頭」時我們生氣的程度，與面對「人」時不一樣呢？其實生氣就是一種想法，什麼樣的想法呢？「石頭」絆倒了我們，同時它已經給我們留了面子——它不會對人說：「我把誰給絆倒了！我欺負了誰！」，「空船」把我們的船撞了，但它不會賠償損失。

所以，當利益受損時，在無法挽回損失的情況下，我們就是面對「空船」了，請不要生氣；當尊嚴受辱，我們應該知道以牙還牙不會有好結果，所以我們就是遇到了「石頭」，也不要生氣。

# 讀佛

對佛的興趣，小時候是因為好奇。工作後對佛的興趣源於一個人，這個人就是弘一法師李叔同，讀過李叔同的許多文章，特別是他的詩作，比如，《送別》、《悲秋》、《落花》……他的文章總帶著一種淒涼之美，憂傷中滲透著絲絲的人生真意。劉心武說：「憂傷催人懺悔，憂傷促人寬容，雖不能潔淨世界，但可以潔淨自己。」的確，他在那樣一個

## 或是或非塵裡事

濁世、亂世裡，念佛，說佛，且以憂傷的文字來潔淨自己，感染別人。也許是愛屋及烏吧，我的凡俗無法理解他為什麼要皈依佛門，更無法悟出佛學的高深，但我可以敬重。

弘一法師面對的是南方的佛。而我面對的是北方的佛。無論是南佛還是北佛，那佛心是相通的。同樣的靜默，同樣的慈眉善目，同樣的寬厚。每每遇到不順心的事，我會來到佛前，我不知道為什麼會這樣，總覺得它們會說話，雖然我聽到更多的是石窟下風吹樹的聲音，但我知道它們一定在說什麼。雖然我猜不透，但我知道在看似神祕中它們也明明白白地告訴了世人許多道理。

說來不怕人笑話，去了許多次，卻不能準確無誤地叫出幾窟佛的名號。我只是看、只是想，從前當我來到陌生的地方時，總覺得有些不安與無奈，的確，在公司無論是評職分配住房，還是評先升遷，對於沒有關係、沒有熟人、沒有錢物也不善拍馬逢迎的我，處處受制於人，而我的許多心事也不窩在心裡，我不對人講只對佛說。一個人看佛，不言不語地面對它們，就是我說話了，我知道它們懂我，我也會感受它們的慈愛。

許多次了，遠方的朋友來旅遊，我帶他們去看佛，卻讓他們跟隨別人的導遊聽講解，而我卻在旁邊默默地面對每一尊佛，朋友們想聽聽我的解說，我給他們找書看，或者重複一下導遊的話。書裡介紹得很詳細，有來歷，有年代，有名稱，而我不可能講得比書上好。

## 讀佛

我也看些佛學方面的書，比如李叔同講的「習勞」、「惜福」，還有佛家的戒律，從前的我總以為所謂的清規戒律很可笑，可是我慢慢懂得佛家講的「戒」實際上就是讓我們學會控制自己。控制金錢，可以得到財富；控制餐飲，可以得到健康；控制情緒，可以得到快樂；控制感情，可以得到幸福。學會控制我們可以得到更多，而不是失去。

每次看到大佛我的心就會清明些，能讓我想起李叔同那憂傷之美。有時覺得讀佛比讀書好，現在的許多書，大多是供人匆匆一覽，禁不起反覆閱讀，而讀佛需要用我一生的時間靜靜領悟。

# 在窗邊

有時候，我也會身不由己地跟著許多的雲朵向前走，有時候也獨自行走。我不會覺得在路上是寂寞的，也不會覺得輕浮是快樂的，更不因為同伴們的聚攏而感到熱鬧，也不會因天氣變化而感到冷清，在我的生命中沒有失敗只有意外。我不求幸運，從來沒有考慮過路遠，只要有路可走就不怕遠。

# 用心體會

警衛室的老人，因為年歲太大走了。

我是個愛抽菸的人，警衛室的那位大爺也抽菸，不過他抽的菸一般都是便宜的。相比之下，我抽的菸比他高級一點。因為我經常去警衛室，而且喜歡給那位大爺遞支菸，我們成了菸友。他當然知道，如果回敬我便宜的菸是不合適的，但每次去，他總是拿更好的菸給我，都是一支一支的，這些菸都是外面要進學校大門的人給他抽的，他不捨得抽，就一支支保存起來留給我。

這是件很平常的事，但卻顯現出老人的一片心意，我們常說人心隔肚皮。其實，任何小事情只要用心體會都能讓你覺察到什麼。年輕的時候，所做的一些有關人際關係的事，往往很直接，我們好像是在用情緒做事而不是用心，心情好的時候，對誰都滿臉笑容；心情不好的時候，再好的朋友也覺得你對他就那麼回事。有句俗話叫：日久見人心。為什麼要日久呢？一來是等事情積攢起來便於總結，二來是如果有危難之事，那就更容易分辨感情的真假了。事實上，生活中並沒有那麼多危難時刻，品味感情還得靠細節。

我們生活中，最容易明白和體會到的就是父母對子女的感情，他們對我們所做的事，不做作、不誇張，甚至不要求任何回報。無論你懂不懂，他們就那樣做了，可以說他們對子女的愛是無怨無悔的，也是義無反顧的，他們所做的一切，我們年輕時往往不懂。他們對我們關心慣了，我們覺得父母對我們的關心就是應該的。等到自己有了孩子才漸漸明白，原來為人父母居然有這番菩薩心腸，好像是不由自主地用心呵護著孩子，吃的穿的用的玩的，要什麼給什麼，好像花錢不心疼似的。我們有一種意識，那些錢都是花在自己身上，甚至花在自己身上有時會心疼後悔，而花在子女身上根本很少考慮到那方面。只要他們需要，只要對他們有用，花就花吧，我們常說的一句話是：賺錢有什麼用？不都是為了孩子嘛。可是孩子小的時候，他們是不能完全明白這句話的含義的，孩子們可能覺得你的錢就是他的，這沒什麼。實際上，這句話包含著父母對子女的無限疼愛，只可惜，你的愛是一頭熱。都是一代托起一代，然而下一代能回報父母恩情十分之一的人有多少呢？少之又少。想當年，父母一把屎一把尿多少年才把我們拉拔長大，等到他們老了、動不了的時候，也在床頭上一把屎一把尿，我們能伺候他們多長時間？一年？兩年？還是三年？恐怕是幾個月也很難熬下去，有的子女在心裡恨不得他們早點死，美其名日早點解脫。多少父母是帶著子女不孝的遺憾離開人世的呢？恐怕是無法統計了。指望不上子女的人很多，所謂的指望也僅僅是一點點而已，死了、化了、埋了。其實人死之後，還有什麼感覺呢？埋不埋，又有什麼區別呢？最大的區別在於他們活著的時候，能夠從內心中體會到子女對他們的好，這也許是活著時最大的安慰了，死後也足以瞑目了。

生活是美好的，美好在哪裡呢？好在我們能用心體會到許多好的事情。比如說，你是個男的，你可以娶個美女，但你不一定幸福。你是一個愛好旅遊的人，你可以走遍世界，但你不一定能看到真美。你聽了一輩子人們的話，最動聽的話，可能是你愛的那個人說的「我愛你」，而不是父母小時候呼喚你的名字，等你老了慢慢回想，才知道原來呼喚你名字的人才是真愛，其他人只是可能。

就是這樣的，生活中的美，不能用眼睛和耳朵體會，只能用心，用心去體會。

## 浮雲之路

別嘲笑我，我是一片浮雲，有聚有散，生命短暫如人生，但我有我的路、我的方向。

我的路是自然之路，有一點與人一樣，那就是一生都在走單行道，向前，不回頭。

並不是每一次我都知道走什麼樣的路，我的一生就是一場無法預期的旅程，有時候走得遠一些，有時候走得近一些，有時候眷戀眼前的景色，卻想不到已是生命的散落之時，有時候忽略了行程的遠近，卻總是那麼安靜、平淡。

可以想像我有無數條路，但我知道我只有一條路，在人們眼中我只是一個過客，可有可無，在我眼中，人們也是過客，如我一般輕薄。

有時候，我也會身不由己地跟著許許多多的雲朵向前走，有時候也獨自行走，其實我知道不管哪一條路都是新路，有人覺得我瀟灑，有人覺得我輕浮，都無所謂，人們想怎麼看就怎麼看吧。我不會覺得在路上是寂寞的，也不會覺得輕浮是快樂的，更不因為同伴們的聚攏而感到熱鬧，也不會因天氣變化而感到冷清，在我的生命中沒有失敗只有意外。我不求幸運，從來沒有考慮過路遠，只要有路可走就不怕遠。

我不喜歡傾聽自己內心的需求，也用不著像人一樣有必需的欲望，比如，吃穿還有男女關係的需要。

在路上，雖然我看到了許多，但不會像人一樣用心體會，我可以錯過眼前的美景，也可以忽略身邊的惡行。我也有過年輕的時候，但不會像人一樣縱情揮灑生命，我的生命就是順其自然。

電閃雷鳴之際，我不會自矜，老子說過，自矜的人無功。其實我不需要有什麼功勞，也不需要成功，成功是什麼?縱然給我一片天地，我也不會永遠擁有，它們屬於自然。比如那些曾經自以為聰明的開國帝王們，本以為給後代子孫留下的是大好河山，可悲的是他是給子孫們留下了禍根，歷史上沒有幾位帝王能保全子孫後代，反而是老百姓子子孫孫無窮盡。

我也回顧過去，總覺得過去是那麼完美無缺，雖然我走的路不是我所願，但我有權力後悔嗎？即便有，後悔有什麼用？我會埋怨嗎？埋怨能有什麼結果呢？徒增煩惱罷了。

每一片雲都有自己的路，人的路總是想著怎樣去創造與發展，雲的路只是看，只是走，只是聽，不需要記憶，也不需要思量，哪怕不經意間做出了令人驚奇的事，也會淡然而去，因為沒必要。

事實上，人有想走的路，就如同我有不想走的路一樣。許多人是想走卻走不到那條路上，我是不想去卻走到了那裡。不管走到哪裡，我都會隨遇而安，並不是我不珍惜生命，而是這是珍惜生命最好的方式。因為不管是人還是雲，只有一次機會，只有一條路；不管走到哪裡，願望實現與否，我都不會看得太重，或者說根本不注重結果，淡淡地來，淡淡地去，我生卻我幸。

消散總有時，我不會去擔心，也不會去考慮，當生命以另一種形式存在，就讓我用另一種方式行走或思考，自然中來，自然中去，自然著我的自然，自然著生命的自然。

# 生活信仰

傅佩榮說：「一個人活在世界上一定要有一些信仰，信仰是生命的支柱。基本上信仰分三種：生活信仰、政治信仰及宗教信仰。」生活信仰就是活著的目標，孫中山先生就說：「人生以服務為目的。」

我所能理解的「服務」就是服務自己，服務父母長輩及兒女子孫，還有服務周圍人。這樣的生活信仰根本不帶某種色彩。這好像成了人們潛意識的信仰，比如有人說：「我的信仰就是多賺錢，賺錢幹什麼？還不是服務於人嗎？」沒有多少人賺錢是為了看，而是為了花，痛快地花，不是夠花，而是為了想花有得花，花錢買感覺，什麼樣的感覺呢？幸福、自豪、得意等等，目的還是為自己服務。

可是有的人的生活信仰真的不是為了服務，比如說，足球是許多英國人的信仰，他們看足球賽非常嚴肅，你跟一個英國人說另外一個球隊會打敗英國，他會跟你拚命。世界上以運動作為信仰的人很多，許多人會崇拜一些運動場上的英雄。崇拜明星或者運動員也會感覺生命有歸屬感，但是這樣的信仰很容易幻滅，你把信仰寄託在一個活人身上，就等著失落吧。就好像，張國榮自殺之後香港就有十幾人跟著他跳樓自殺，這看上去有點不可思議，但確實存在這樣的人。崇拜影星或歌星也是一種生活信仰，但這樣的信仰讓人覺悟得太早；也有的人把做某種事當成信仰，歷史上有研究醫術的，有搞藝術創作的；也有把愛某個女人作為信仰的，真是五花八門。他們為了信仰一生追求，鍥而不捨，死後有人讚揚、有人恥笑，他們不管後來人怎樣看，關鍵在於生活信仰絕對是一個人生命的支撐。

說實在的，我一直搞不清自己的生活信仰，覺得偏向於服務又不全是，我可能是一個過於自私的人，對什麼東西也只能是愛那麼一點點，所以像我這樣的人沒有什麼信仰，也不可能有信仰。信仰是什麼？就是一種絕對的愛，無疑而勇往直前的愛。把生命的全部意義和精神都放在它之上，它就是高於生命的東西，有人嘔心瀝血地為信仰奮鬥，有人可以花掉所有的積蓄僅為了與他崇拜的人見一面。我說我沒有信仰，事實上一個人可以沒有政治和宗教信仰，肯定有生活信仰，他的信仰可以不高於生命，可他所做的一切證明了他在用所有的生命時光維護著這個生活信仰。

很顯然生活信仰對於一般人來說並不是那麼明確，但肯定有，必須有。孔子一生教育他人要成為君子，寧可「殺身成仁」也要「捨身取義」，這是他的生活信仰。曾經有個人反對他這樣做，這個人外號「楚狂接輿」，他是楚國的狂人，他對孔子唱說：「鳳兮鳳兮！何德之衰！往者不可諫，來者猶可追。已而！已而！今之從政者殆而！」孔子聽後一驚，忙下車想請教，「楚狂接輿」已經跑了，對孔子避而不談。狂人的意思很簡單，鳳兮就是代表君子，這話用來比喻孔子，他是說：「孔子啊，歷史錯了，是不能挽回的，你就不要懷念過去了（周朝禮節），應該開創未來才對。」他還有一層意思是：「你不要光想挽救這個時代，這是你能做到的嗎？算了吧，還是算了吧，如果你想從政，就免了吧。」這話正中要害，孔子一心想當官，當官做什麼？復周禮，讓人們都當君子。孔子想當官，不同於現在的一些人，沒有從政理想，升官只是為了發財。可能許多人想升官就是為了給自家更好的服務。

生活信仰因人而異，有人大有人小，有人遠有人近，有人快有人慢，有人極端有人偏激，有人隨心有人隨意，說不上誰的生活信仰好，也說不上一個人有絕對的生活信仰，生命的精神支柱摸不到、看不著卻存在著，大概也是一種無中生有的東西吧。

# 廢話時代

有一位知名作家說：「我不看同齡人寫的書。」又看到編劇廖一梅說「廢話滿天的時代，沉默是人類最大的貢獻」。

說得很好，也富有哲理，同時廖一梅還說了「我很痛」。很痛是因為這個時代廢話太多了。沒有什麼寫的，也沒有什麼看的，更沒有什麼好的生活體驗，只好沉默。所以她說「沉默是人類的最大貢獻」。

廖一梅劇本小說都寫得好，能說出這樣的話來，大概是無奈之舉，這句話似乎在闡述著她對現代生活的體驗。誰也想說幾句，可是誰的話也就那麼回事，不是淺薄就是拾人牙慧。作為一個劇作家，她肯定看過許多書，可是看著看著就覺得一些書寫的都是廢話，同時她也聽過許多話，可惜沒有什麼新意，於是她內心疼痛起來。這很正常，作家都有陣痛，就像懷孕一樣，小孩子在肚裡折騰呢。即便沒懷孕，可是想懷孕，於是心裡難受，不一樣的疼，總體感受相似。

我之所以贊成她的觀點，因為我也有這樣的感受。我已經近一年多沒買書了，到書店裡轉會令人失望：一種新書是有名氣或沒名氣的人把拉拉雜雜的博文變成了書，另一種新書是再版了Ｎ次的舊小說，還有一種新書就是再版了Ｎ次的國學或成功學書。最新的書也有，就是魔幻類的書，可是我不愛看，我活得比較現實，總覺得那種書對生活沒有多少指導意義，恐怖是幻想的恐怖，淒美是想像中的淒美，因此我不喜歡恐怖，也不喜歡淒美，年少時因為看戲劇《紅樓夢》曾大哭不止，後來才知道人世間真情少之又少，不管生活在哪個時代，人們的命運有多少是自己能夠左右的？說到這裡我想起《關鍵救援七十二小時》裡的台詞：「大家都知道，我們花費大量時間來規劃這個世界。我們發明鐘錶和日曆，還盡力去預測天氣，可我們的生活中，有哪一部分是真正受自己控制的呢？如果我們選擇生活在一個完全自創的現實裡會怎樣？那樣會讓我們發瘋嗎？如果會，那不是比絕望的人生更好嗎？」

轉眼間廢話成堆了，沒辦法，我是個靠寫字混點飯的人，寫字是習慣、是生活、是理想。我不願意沉默，儘管沉默是一種貢獻，可是廢話也是話，人說話總有原因，或寂寞、或有愛、或有恨、或有痛、或無聊、或有想法。我只能說有想法，不能說有思想，因為我覺得我沒有什麼可供人借鑑的思想，彷彿自己一直在照貓畫虎地活著、想著、看著、走著。也許有一天這個世界上的人們都懂得貢獻沉默之時，我也會選擇沉默，但沉默不是力量的積累，就是能量的消耗，魯迅不是說過「不在沉默中爆發就在沉默中滅亡」嗎？

我是個害怕沉默的人，雖然活得坦蕩、清白，但我不想面對眾人的沉默，廢話滿天是因為這個世界上孤獨是本質的特徵，在廢話中浪費時間與在沉默中虛度年華會感覺不同，雖然結果相似。疼痛也是生命的特徵之一，沒有疼痛就不會知道平淡是一種幸福，就像沒有壓力就不能體會到輕鬆是多麼愉快一樣。我們就這樣辯證地活著。其實我們沒有必要按照別人的說法生活，我們甚至不需要成功的人生，我們只需要成功地活著。比如說，對於某些人來說，那些千百年前流傳下來的詩詞，不是廢話，勝似廢話，不是嗎？就像理論上可以借鑑的歷史很多，而實際上真正值得借鑑的是少之又少，所以縱觀歷朝歷代總是有那麼相似的開始與結局一樣。這就如同社會總有它的廢話時代、假話時代、沉默時代……

## 易學難用的低調哲學

低調是一種哲學，這種哲學易學難用，有人用低調處事最終成功，有人則不能大成，最後沉澱於歷史的泥坑中。

不管是成功學上講的低調，還是其他哲學書中講的低調，有一個共同點就是做人要講究姿態，尋找機會，最後到達成功的目標。委曲求全是為了少惹是非、暗蓄力量，窩窩囊囊是為了悄然潛行、防人嫉妒與算計。

古時就有很多人研究「韜光養晦，藏鋒露拙」的好處，孟子那段著名的話：「天將降大任於斯人也……」說的是要忍受常人所不能忍受的苦，這樣忍受是為了鍛鍊意志，他們認為良好意志是自我磨練的，忍耐人性從不成熟到成熟這個修身的過程。而那些有點成績就驕傲的人，鋒芒畢露，必然成了眾矢之的，最終難有大成。「韜光養晦」的主題意思是在別人面前顯示的是「不能」，而把「能」藏起來麻痺對手，讓自己獲得更多的上升空間。

還有一種低調做法，就是處高位時要低頭。唯有低頭才能消除隱患，化解危機。總起來說低調的人成功的關鍵在於，為人低調不是為了放棄什麼，而是為了爭取得到更多，有能力的人隱忍是件可怕的事，沒有能力的人的隱忍是在不得已中的忍受。

隱忍並不是無所作為，假裝糊塗或甘認無能，而是內斂成為一種越來越強大的力量。這個過程並不是人人能做到的，有的人忍辱負重許多年，卻很難成功，因為在內斂的過程中，目標定位不夠準確，目標過高，定位出現了偏差，就會為失敗買單。低調的人，容易犯兩種錯誤，不是心比天高命比紙薄，就是自卑自憐、失意再失意最後一事無成。防止走上這兩個極端，就得有較好的心理意識與較強的自控能力。這是針對追求成功的人來說的。

當然也有另一種低調之人，清心寡欲，並不是深謀成功；珍惜生命，把身邊的事看得很淡，得失都不為所動。他的低調就是看淡一些，看開一些，拋開煩憂——一方面承受生活中的種種不如意，另一方面享受生命帶來的一切。勝不驕，敗不餒，不為名利所累，善於放下，他總是把心態歸零，客觀冷靜地看待過去和未來，保持平常心而不是進取心。他謹言慎行，懂得感恩卻不過分做作。一句話，他甘願做一個普通人。他所有內斂積蓄的能量發揮出來就是為了平抑榮耀，淡化屈辱。這樣的人是高深的，莊子和陶淵明可能就是這樣的人，他們一生追求的是一種內心的沉靜與智慧，在世俗的人眼裡，他們哪裡算成功呢?但他們所達到的內心境界,比那些成功者不知要強多少倍。

人生就像一場宴席,有的人席上出盡風頭,有的人淡然觀望,有的人暗中比較或悲或喜。不管是哪一種人,不管表現怎樣,都是做人的風格。有些人喜歡說自己低調,到底怎樣才算低調呢,我覺得真正的低調之人,有這樣的課程:忍耐是必修的,成功是選修的;包容是必修的,自在是選修的;自信是必修的,放下是選修的。歸納起來,低調的人應該是珍惜生命的人。

## 情緒內外

人靠情緒感知世界,同時人又透過感知世界來體察情緒。情緒好了,生活就好了,但生活好了情緒又不一定好。

外面的世界不是我們所能左右的,所以許多時候,我們只能克制自己,而不是與社會對立,與環境對立。拿什麼克制自己的情緒呢?情緒能否在心靈內部得到自我調節?這又是個問題,情緒之外的東西,我們多數時候是無能為力的。這就好比說,你覺得當了公司裡的一把手就能左右一切,可是即便當了一把手,你可能面臨的是來自更高一層的壓力以及下一級的對立,你的處境可能還沒有原來那麼輕鬆。

到底拿什麼來克制我們的情緒呢？說起來是個大問題，有的人一輩子隨著性子做事，人們說他脾氣不好，或者個性不好。有文化的人，對情緒問題一般會進行深入的研究，因為痛苦，不是想表達，而是在尋求解脫。

一個真正有思想的人，往往不會自我感覺良好。自我感覺好的人常常是那些自以為是的人。但一轉到情緒問題上，如果你也想深入瞭解一下自己，就會發現其實絕大多數時候，克服自己比克服情緒之外的事情還難，也可以這樣說，一個人無論怎樣研究，他可能最終明白，自己是不能被克制的，就像我們學習鑽研「人生哲理或智慧」之類的書，充其量只是有想改變自我的願望罷了。

「認識你自己」這句名言，據說是蘇格拉底說的，不知被人們提過多少次。如果你仔細分析這句話，再看蘇格拉底的一生，你就會明白，其實連蘇格拉底這樣的聖人，一輩子也沒有看清自己。當雅典恢復古希臘奴隸制度後，蘇格拉底被控制起來，並且以藐視傳統宗教、引進新神、敗壞青年和反對民主等罪名被判處死刑。他拒絕了朋友和學生們的逃亡提議，飲下毒酒自殺而死。雖然他的哲學思想深遠影響了人類幾千年，但是他終究難免被人迫害，他為了捍衛真理，無法克制自己的情緒。其實他發現的真理也不是他用生命捍衛下來的，而是後來一代又一代的人們堅守下來的。

真理總是帶著人的認知侷限，它能使人在黑暗中看到光明，但光明是有限的，黑暗卻是無限的，能在無限之中顯現有限的光明的人就是了不起的。遠看生命如蜉蝣一般，一代又一代的人們討論這樣的問題，如人生、幸福、生活等等好像都沒有真正解決，也許能回答出來的問題就不是問題了，所以不管哪一種社會，人們總是在探討，為什麼要這樣不停地探討下去呢？因為這是生命的一種活動，準確地說是人們精神層面的活動，是必須有的事情。它可能沒有吃飯穿衣那麼重要，但除了這兩件最重要的事，人只要有一點閒置時間就會覺察到它的存在。

存在是情緒的存在。比如說，你富裕了、奢侈了，但感覺不到生活是在享受，到底怎樣享受呢？這是個問題。再比如說，你看見了一朵極美的花，你只有驚訝，卻不知道怎樣欣賞它的美麗，也說不出它到底美在何處，這又是個問題。情緒是沒有標準的，所以別人無論怎樣教你控制情緒，調節情緒，管理情緒，關鍵時候你還是無法把握。所以聰明的蘇格拉底總認為自己是無知的。

有人說，無知的人是快樂的，他們能很好地享受自己所能享受的生活；也有人說，無知的人生不值得過，因為他們無法認識人生，認識世界。有時候想一想，人生需要那麼多認識嗎？世界呢？所以富蘭克林說：「我們大可不必聽那些蜉蝣先生和蜉蝣太太的高談闊論。」當然也包括我的這些廢話。

# 錯過

有些事我們注定要錯過，就像現在是我們過去的將來，它來到了卻不似我們想像中的那麼美好。所以那些錯過的可能並不美好，只是我們會把它在想像中誇大一樣。

有些事，我們不想錯過，可是把握不住，伸手無力，向前被撞。若干年後，我們才發現原來那是一場夢，夢是那麼真實，而我們竟然成了造夢人。

其實我們都是造夢人，每個人雖然頭上都頂著一盞叫做希望的燈，但是它的光芒卻是那麼有限，我們總以為看清了前方，卻不知前方的前方在若干年前就布下了一張千瘡百孔的網，我們把夢想一個個放進去但漏掉的恰恰是我們的夢想。好在有的夢想沾一點邊，它百折千回地在網上隨風飄搖，像一面旗幟，讓我們欣慰，讓我們感覺到平淡的生活並沒有把我們的夢全部湮滅。

如果說錯過，那我們錯過的也太多了，有許多好人注定成為我們的陌生人，同時我們也是許多好人的陌生人。有許多可愛的人成了我們的陌生人，同時有一些愛過我們的人也越來越陌生。每天我們與無數的陌生人擦肩而過，而在他們眼中我也是一個陌生人，也就是在這許許多多的陌生人中，我才能看見真實的自己，也漸漸明白，把生活的希望寄託在他人的幫助上，比夢還不真實，自己努力才是最踏實的路。

## 在窗邊

總是在獨自一人的時候，悵然若失，彷彿這一生失落太多。總是在人群中感覺到如夢如幻，好像生活就是在看風景，美的、醜的、無所謂的。我知道，我正是別人那無所謂的風景，我不在乎別人怎麼看，就像別人不在乎我怎麼看一樣。總是這樣，不在人海中，就在雲海中，沉甸甸的是日子，輕飄飄的是想法。

尤其是在不一般的日子裡，看著他人沉重，反而覺得自己輕鬆，同樣自己沉重的時候，覺得別人是那麼幸福。總懷疑自己是不是錯過了許多幸福，也懷疑別人是不是也有我一樣的煩惱。

看見過別人風光時可愛的樣子，突然想起自己風光的時候背後竟然有那麼多的憂傷，莫非獨自的風光是一場意外？真正的意外總是伴隨著許多人暗地裡的歡笑，就像一個人的風光伴隨著許多人的嫉妒一樣。

所以我想起，其實，一個人一輩子平平淡淡也好，在意外出現的時候笑笑別人，在沒有意外的時候，笑笑自己。也許生活的樂趣就是這些平淡的笑，錯過了這些還剩下什麼？

生活除了給了我們傷感，還給了我們很多希望。當我們明白每一個真實的現在都曾經是我們等待的未來，就不要再無用地傷感了，雖然等待不是什麼壞事，也不是什麼好事，但感受今天就不算錯過。

我懷疑我們都是上輩子欠錢的人，所以一生都在不停的賺錢，拚命地還款，卻總是還不夠的樣子，我努力地想，才知道原來自己既是債主，也是欠債人。無論怎麼還款，總是欠自己一個如生命般厚重的人情。

# 當時的真誠

總是在不經意間回想，回想起從前的一些時光、一些事。有一些事沒好好把握，有一些東西沒懂得留下，有的人輕易就失去了，當然歸納起來，失去的最寶貴的東西是時間，可是有時我卻認為不完全是。

失去的，都是只有那時候能夠留下，只有那時候能做到，可是沒有做，是我不夠認真，是我瞻前顧後。總是突然間就想起來，特別是那個人，讓我總想對她說些什麼，可是說什麼也沒用了，都過去了，也只有在心裡默默地做如果或可能之類的假設，明明知道這也是沒用的，可是還會想起，還會假設。

假設是一種自設的傷感。傷感是因為心裡有，一直有，可是身邊沒有，眼前也沒有；記憶中有，寂寞中有，忙碌中沒有，生病的時候沒有；閒暇時有，懷舊時有，夢中有……都說過去的就逝去了，回憶沒用，懷念沒用，可是為什麼總在孤獨的時候想起呢？都說逝去的就是永遠的，永遠的就是永恆的，可是永恆只能凝結在這瞬間的生命中，讓人無限傷懷。都說失去的就是最好的，我不認為那是最好的，而是最適合我的。都說人總是生活在殘缺之美中，我承認絕望的愛是淒美的，但那份淒婉並不是殘缺所能完全形容的。

其實，我憎恨回憶，就如同憎恨自己的不作為一樣，想像力再活躍、再逼真都無法讓我回到過去，就如同一個人在沙漠中回憶走在青山綠水間一樣，美好是如此的虛幻，現實卻是那麼的慘澹。

人不能總是活在記憶中，對過去的詠歎，這應該是對生活的禮讚，但多少帶著些告別後的惋惜。告別總不會那麼優雅，把過去的歡樂埋在心裡之後，痛苦也陪葬了。我知道雖然我能在回憶中懷念，但我不能確認過去的一切都是真誠的，那些人，那些事，那些時光，不是能在回憶中保持真誠就能讓人解脫些。當然，也有些真誠被遺棄了，我不後悔，也不會痛恨，畢竟證明我沒有敷衍日子和他人。

說到當時的真誠，我只能說，那是我的一種妥協，對美的妥協，對生活對日子對自我欲望的妥協，它是對我的能力與目標的考測，是實力與渴望的準確顯現。

真誠就是一種自我失去，哪怕是暫時的，也是要尋覓真「我」，而不是所謂的愛情或真理之類的東西。人世間最能證明一個人能力大小的，莫過於愛，多情不是愛，是動物的本能。而愛是一種靈魂生活，生命總是圍繞著靈魂旋轉，然而總有一些人靈魂會出走，他們不顧生命的萎縮與僵化，他們只知道生活在別處。

一個人真誠是因為發現，不是發現特點就是發現了優點，不是發現了美就是發現了可貴之處。在當時，在那時，真誠閃現。但發現也是會改變的，因為發現了缺點，也發現了醜陋，或者發現了更讓人興奮的，於是發生了轉變。說這些，我不是在尋找藉口，我是在尋找我當時的真誠為什麼就變得那麼脆弱了呢？這個世界上經不住誘惑的人不能算純潔的人，所以我從來不會原諒自己，也不會用命運來聯繫自己的生活。如果說命運是不可改變的，那麼世界上的事就都是虛無的。事實是世上的東西都在變化著，不變的是那些錯過的、失去的，包括我當時的真誠，它從來沒有變，一直保留在我的記憶中，遠遠地產生一種超乎尋常的美感。

## 心情畫冊

我不會畫畫，但總是想把自己的心情刻畫，有什麼辦法呢？

那就用文字代替吧。不過文字這東西是很難駕馭的，好在我寫我心寫我思，不需要做作，不需要虛構，更不用誇張。

# 在窗邊

我寫的東西，只能歸於一類，且叫做閒散小品吧，有時候是故事，有時候有點抒情，有時候是感慨，有時候有點牢騷。大約有二十年了，不想停筆，大概是我沒有什麼其他的興趣和愛好吧。憂愁的時候寫一寫可以解煩，高興的時候寫一寫更覺怡然，相思的時候寫一寫有所寄予，沮喪的時候寫一寫自我安慰，彷徨的時候寫一寫尋找希望……就是這樣的一些東西——有牽掛，也有誤解；有幽默，也有自憐；有狹隘，也有勉勵；有願望，也有自卑。算起來有很多字了，歲月就在這些文字裡面停滯著，時間的沙漏，彷彿可以看得見。從前我總是想，如果我會畫畫該多好啊，後來覺得畫畫可有可無，畫畫可以畫出相貌，可我不是什麼大畫家，不可能畫出深入人心的作品來，我就把寫的那些東西當成相片吧。

我覺得，在某種程度上，畫也許只有抽象的才能更好地反映心情，不如我寫起來更直接直覺，當然好的畫作，能給人留有想像與思索的空間，而我淺淺的文字表達，怎能比得上呢？這是多麼遺憾的事情啊？好在我善於自我安慰，比如說，我寫的東西都是那麼樸素，雖然不能說成是一種美，但至少有本真的東西在裡面。

就是這樣，為了生活疲於奔命，總是在刻畫自己心情的時候，找回自己。常常為青春不在而懊悔，總是在翻騰舊作的時候，找回當時的感覺。是啊，青春、健康、生命都是不能永恆的，甚至有一天會消失不見，但我的心情畫冊，可以留下來，也許無人問律，也沒有更多的人欣賞，可那總是一幅幅畫。

有天價的名畫，沒有天價的文字作品。其實在我心中，有另一種看法，比如說，天價的名畫並不能使一個平庸的人高尚，就如同騎舊自行車的不會使一個高尚的人打折扣，擁有名畫的人並不一定比騎自行車的人幸福，因為幸福與美好需要智慧去理解、去發現、去感悟。

## 自然而然的事

與同事相約談事，我總是等人。因為我不喜歡遲到，為此同事們都說我是急性子。每次我總要比約定的時間提前十多分鐘，而同事總要比約定的時間晚一些，或者晚更多。

於是我飽嘗等人的滋味，平常看來不起眼的幾分鐘，現在每一秒都在折磨人。漸漸地後來再等人，就有了心理準備，一方面我把對方總想像成遲到的人，另一方面我準備本書看。當對方來的時候，看到我在看書，也沒有什麼不好意思的，其實我知道，對遲到的人能有什麼苛求呢？在若干次等人之後，我的心理也平和起來，若是同事準時，還會感到意外。之所以有這樣的心理，是因為沒有了那份無奈的期待。

## 在窗邊

人常說，生活就得有所期待，事實上每個人都生活在期待中，期待讓生活增添色彩，也讓心情多了一份執著。執著於等待中創造，執著於那一份期盼早點成真，這個過程其實是快樂的，當願望實現之後，那份快樂反而就開始淡了。

人的一生要伴隨多少無奈？怕是沒有誰統計過。我們常常有這樣的感覺，等待的事情一接近目標，失意開始冒頭而得意開始退場。這大概是人生的等待定律吧。

在人生的路上，活在期望中的人們，心中的火把總是在將近熄滅的時候被微弱的希望之光點燃。歲月流逝，有多少單調的故事，又有多少平凡的日子，但我們總會發現一些閃亮的東西，讓我們為之一震。儘管如此，在我們的記憶中這些也不會成為人性深處的紀念，反而是那些世俗的小事總與我們「生死相守」。比如說，今天菜貴了，明天天氣涼了，後天要為同事家的孩子慶祝生日等等。

期望的開頭總是那麼濃烈，哪怕或多或少帶著僥倖，可是誰願意放棄呢？事實上，許多日子裡，我們用期望來安慰自己，而生活在不知不覺中把那些濃濃的期望沖淡再沖淡。

淡就淡吧，無所謂的，就像從前我們相信等待可以等來最愛的人，到後來才覺得寧可相信愛情也不能相信等待了。再比如說，大家都說，明天更美好，我們也覺得應該這樣，那就等吧，後來才想起，今天才是最美好的，可是還是不停地期待明天。

冬天過去了，春風來了，我們又駐足在春風中，沒有誰知道我們期待什麼。只是乍暖還寒的風掠過我們的耳邊時，告訴我們花開花落、人來人往、其實都是一些自然而然的事。

# 收藏幸福

很羨慕那些忙碌了一天後坐在燈下整理思緒的人，他們俯拾一天的生活，抑或是過去的日子，悉心地收藏著過往的點滴，猶如收藏自己的財富。

現在很多人已經不再喜歡咀嚼生活了，他們好像是沒有咀嚼生活的能力，也好像是沒有體驗生活的耐性。他們讓生活不再從容，總是那麼匆匆忙忙，讓感情不再清澄，總是那麼隱隱約約。

能安靜下來打理思緒的人，往往是有豐富記憶的人，不是他有過人的記憶力，而是他能認真地對待生活，每一次回味，他們總是一副吝惜的樣子，就像抽取生活的紙巾，慢慢地享受，細細地品味，直到把記憶凝成金砂，沉澱在歲月的河底，等到上了年紀一一檢閱。

匆忙的人，是不會享受生活的人。他玩起來，看上去一副快樂的樣子，事實上他是想驅散內心的不安，吃起大餐來，他總是那麼不知足，事實上他在為找不到幸福感而苦惱。不能用玩世不恭來形容這樣的人，但至少他不懂得收藏幸福，只知道追求，他們覺得過往的幸福如同雲煙，不值一提，於是總覺得自己沒有真正的快樂可言。

幸福是可以收藏的，等到一定的時候還可以慢慢地享用。比如說，年老的時候，你可以有滋有味地拾掇那些從指間流逝的日子，一縷記憶就有一段故事，一番心思就有一個願望，一個美好的瞬間就有一顆年輕的心。

那時候，不管你是否功成名就，也不管你是否平凡一生，其實都是一樣辛苦地走過來。這時候，你會覺得曾經的苦難也是一種幸福，就更不用說那些平淡的日子了，再加上有些時候意外的喜悅，會讓你感覺到曾是那麼幸福地生活著。舉個簡單的例子吧，為什麼國中生總是喜歡回憶小學時的事情呢？人總會為失去的時光而惋惜，雖然說我們都是熱愛生命的人，而此時此刻我們擁有生命的時光，卻從來不曾有過那種感覺。

如果我說，人生沒有傷痕，只有美好。肯定有許多人搖頭，甚至有些人會覺得人生就是一種苦難。其實沒有苦，怎能感覺到甜的好？就說愛情美好吧，可是誰的愛情不帶著淡淡的憂傷呢？就說升遷高興吧，誰的升遷不意味著更多的責任呢？所以知足吧。

不僅要知足，而且要懂得惜福，惜福的人不會輕易地忘記過去，特別是那些值得懷念的事情。他們明白珍惜現在擁有的一切是最好的生活方式，他們並不是執著於懷舊的人，只不過在他們的生命裡，回味幸福已成了一種美好的習慣。

# 在窗邊

有好幾年了，我在公司的工作就是在外面跑，主要幹什麼呢？取送文件。每天坐公車，我喜歡坐靠窗的位置，坐在窗邊總是可以向窗外偷偷地看，看行色匆匆的路人，看打扮時髦的美女，有時可以看到行人吵架或打架，有時還可能看到車禍現場。

車窗外的世界總是不斷變化著的，路過的每一秒都不會重複，每到一站，窗外的路上都會走過許多人，每張臉各有特色，未加粉飾的、飽經風霜的、稚嫩的、疲倦的、洋洋得意的。若是車停的時間長了，我就開始猜測，比如說在那一張臉的背後正在發生著什麼事。你看，那個女子正在戀愛，看她邊走邊樂的樣子，仔細端詳長得並不是那麼漂亮，可是滿臉春光使她顯得美麗許多。因為喜歡猜測，有一次居然坐過了站。

不知為什麼，坐在車窗邊，我有一種旁觀者的感覺。特別是在冬天，坐在車裡面，懶洋洋地看著窗外的世界，那份悠閒真是一種很難得的享受。當然若是在夏天就有些不自在了，好在能開著窗子，迎著風。儘管渾身是汗，但相比之下，比裡面擠著的人要舒

## 在窗邊

適多了。

在別人看來，我成天坐公車，跑來跑去很單調，路上的風景，差不多也看遍了，看夠了，也看煩了。其實，一個人只要調節好心情，重複就是無所謂的。許多時候，說起來熟悉的人和物並不一定真的熟悉，因為我們太匆忙。

很難有這樣的人，成天做他喜歡做的事，過他想過的生活。之所以難有，是因為人們對熟悉的人或事提不起興趣。匆匆忙忙的生活使我們忽略了許多美好的、值得欣賞的東西，只有在我們再急不能急，慢了不太慢的時候，才有餘情去欣賞「熟悉的」可愛之處。

事實上，無論是在辦公室裡，還是在家裡，我都喜歡坐在窗邊。因為窗邊，是個可以想像的地方，當然也可以收斂；在窗邊，可以遠眺也可以近觀，可以無語也可以高歌。比如說，我家對面有位年輕小媳婦，一做飯就開始唱歌，唱的大多數是情歌，雖然有時候會跑調，但總體來說她的嗓音還是很好聽的；還有我的樓下，她總是在大清早吊嗓子，聽說是位音樂老師，她的美聲唱法，不知學生喜歡不喜歡，我是很受刺激。每天早上，一聽到她開始唱歌，我就趕快起床去上班，逃一般地離開家。好在到了週末，女老師就不唱了，她會和幾位中年婦女在樓下做健身操。

林徽因在《窗子之外》裡說：「自己總是個在窗裡的人，脫離不了的是一扇扇格式的窗子。」誰不是這樣的人呢？人總離不開窗子，無論走到在哪裡，我們總是在躲在窗子後面。我們一方面嚮往窗外的世界，另一方面也需要窗內的休憩，當一個人身心疲憊的時候，窗子是一種依靠，無論窗外的世界多麼嘈雜，有窗子在就可以留住我們內心裡的那一點平靜。

## 燒著回憶取暖

現在，我在這裡，用這種方式，陪你。

現在，我很勤奮，我不知道成功在哪裡，也許我只是需要一種努力的姿勢。

成功並不是我的目的，我曾經說過，如果有一天我不在你身邊，我就是在做事，做一件我認為值得做的事，但無論做什麼，愛一直是我活著的意義。

我有時會夢到你，原來過去的一切都是在夢中啊，過去就過去了，我不會感謝歲月，它讓我失去了我的本意，也失去了許多記憶。我很傷感，因為世界上少了一個單純的年輕人，多了一位糊塗的老人。

你能忘了我就忘了吧，不想見我就不要見了。不過，我不打算忘記你，在往後的日子裡，我可以燒著回憶取暖，這樣挺好，我別無選擇。

## 在窗邊

或許我這樣做有點自欺欺人，可是我覺得許多時候人就得靠自欺欺人而活著，愚蠢著我的愚蠢。我不與時間對抗，我只與自己較勁。我知道我終究會敗給時間，但我不想過早地敗給自己。

記憶中，你好像一直坐在我的對面，喝茶或聊天，只有我在述說著什麼，而你始終沉默不語。

我真的很傻，比如說，每看一會兒書就會往窗外張望，希望能突然看到你，或者說路上是否有你。每寫一段話，我會看看門，看是否你突然到來。

其實一切早已注定，是誰說過，開始就意味著結束。就像窗外的雪，飄飄灑灑，優雅地到來，可是它很快就化了，什麼也沒留下。

人生不也是這樣的嗎？愛情也是。我知道你很委屈，可是你知道我也很傷心嗎？你說傷心總是難免的，是啊，你可以問心無愧地忘記我，而我不能，僅僅是因為時光它帶走了一切，只留下了我對你的記憶。

記憶中，我們還是老樣子，那麼平和，那麼友好，那麼快樂，那麼熟悉……可是現在只剩下我一個人了，我總得對自己有個交待啊。我不會驚擾你的生活，但我可以保留幻想。假裝你會到來，如雪一般飄過我的窗前。

今年冬天雪來的早，你看，在我沒有感到冷的時候它來了，在我感到冷的時候，它不見了。

我覺得我這樣也很幸福，因為我還愛著，並且為愛而活著。彷彿都是昨天的事，曾經占據我的生活、我的感情和理智的人，一個個都走了，悄悄地走了，只有你在我的記憶中，走了又回來，一點點加深，一點點沉澱。

想念一個人有用嗎？也許沒用。可是我還是會提出這樣的傻問題：「你會想念我嗎？」

想念一個人很累，所以我老了。這時才想起你可能愛過我，其實我已經不在乎這些了，往事如煙，雁過留痕，無可奈何的事，再說我已經失去了感覺疼痛的能力。

我記得曾經說過：「等我們老了，一起來聊天，只是聊天，回憶我們靈魂過往的印跡。我們還會一起喝茶，喝完，再倒，喝完，再倒上……」

可是你現在不想見我了，我從來沒有產生過不順從你的意思，而你卻讓我有了低下的感覺。我不怪你，我沒有心情爭辯這些，只是覺得結束得太早，讓我茫然不知所措，找不到自己的位置。

錯位總在野心裡產生，可是我沒有。但我知道，我們之間的信任度在一點點、一點點地降低，降到了陌生的樣子。

這也沒什麼，時光帶走了它能帶走的一切，但留下了記憶。也許這世上，從來就沒

## 在窗邊

有人能陪伴另一個人到地老天荒，總有一個人要先走一步，轉身時誰不會感到一片茫然呢？如果結束是篤定的結局，就讓我們接受吧，世間沒有完美的事啊。

時間過去了很久很久，我已經習慣了這樣對你說話，因為這是我唯一感謝你的方式。

面對文字，我才是我。我想起面對你的時候，總是慌慌張張，好像怕你一不小心把我的心碰碎了，對不起，忘了告訴你，我的心是玻璃做的。

我知道，我該歇歇了，累了。請不要失望，我會想你的，不用刻意想起，你在我心中是那麼的清晰，在這許許多多的日子裡，因為有你，才變得生動起來。也只有你能滋養我的記憶，讓我在任何時候都能找到該做的事。

很冷的天，很冷的夜。冬天剛剛開始，我們都需要堅持。

現在，我在這裡陪你說話，看到這些，希望你不會覺得孤單。要知道文字不僅僅是一種符號、一種概念，而是一種暖暖的記憶，帶著陽光的味道。

電子書購買

廢話時代：儘管沉默是一種貢獻，瞎掰也是一種表現 / 李文臣著 . -- 第一版 . -- 臺北市：崧燁文化事業有限公司, 2021.08
面； 公分
POD 版
ISBN 978-986-516-727-1( 平裝 )
1. 人生哲學
191.9 110009397

# 廢話時代：儘管沉默是一種貢獻，瞎掰也是一種表現

臉書

作　　者：李文臣
發 行 人：黃振庭
出 版 者：崧燁文化事業有限公司
發 行 者：崧燁文化事業有限公司
E-mail：sonbookservice@gmail.com
粉 絲 頁：https://www.facebook.com/sonbookss/
網　　址：https://sonbook.net/
地　　址：台北市中正區重慶南路一段六十一號八樓 815 室
Rm. 815, 8F., No.61, Sec. 1, Chongqing S. Rd., Zhongzheng Dist., Taipei City 100, Taiwan (R.O.C)
電　　話：(02)2370-3310　　傳　　真：(02) 2388-1990
印　　刷：京峯彩色印刷有限公司（京峰數位）



定　　價：350 元
發行日期：2021 年 08 月第一版
◎本書以 POD 印製